崇文館
家庭典藏

崇文国学经典普及文库

金刚经 坛经

张卫国◎注译

长江出版传媒
崇文书局

金刚经·坛经

图书在版编目（CIP）数据

金刚经·坛经 / 张卫国译.
—武汉 : 崇文书局, 2017.1
（崇文国学经典普及文库）
ISBN 978-7-5403-4279-1
Ⅰ. ①金…
Ⅱ. ①张…
Ⅲ. ①佛经②《金刚经》-译文③《六祖坛经》-译文
Ⅳ. ①B942
中国版本图书馆CIP数据核字（2016）第251679号

出 品 人 潘启胜

统　　筹 陈中琼
责任编辑 梅文辉

出版发行 长江出版传媒 | 崇文书局
地　　址 武汉市雄楚大街268号C座11层
电　　话 (027)87293001　邮政编码　430070

印　　刷 湖北恒泰印务有限公司
开　　本 889×1194　　1/32
印　　张 7.25
字　　数 160千字
版　　次 2017年1月第1版
印　　次 2017年1月第1次印刷
定　　价 25.80元
（如发现印装质量问题，影响阅读，请与承印厂调换）

总序

现代意义的“国学”概念，是在19世纪西学东渐的背景下，为了保存和弘扬中国优秀传统文化而提出来的。1935年，王缁尘在世界书局出版了《国学讲话》一书，第3页有这样一段说明：“庚子义和团一役以后，西洋势力益膨胀于中国，士人之研究西学者日益众，翻译西书者亦日益多，而哲学、伦理、政治诸说，皆异于旧有之学术。于是概称此种书籍曰‘新学’，而称固有之学术曰‘旧学’矣。另一方面，不屑以旧学之名称我固有之学术，于是有发行杂志，名之曰《国粹学报》，以与西来之学术相抗。‘国粹’之名随之而起。继则有识之士，以为中国固有之学术，未必尽为精粹也，于是将‘保存国粹’之称，改为‘整理国故’，研究此项学术者称为‘国故学’……”从“旧学”到“国故学”，再到“国学”，名称的改变意味着褒贬的不同，反映出身处内忧外患之中的近代诸多有识之士对中国优秀传统文化失落的忧思和希望民族振兴的宏大志愿。

从学术的角度看，国学的文献载体是经、史、子、集。崇文书局的这一套国学经典普及文库，就是从传统的经、史、子、集中精选出来的。属于经部的，如《诗经》《论语》《孟子》《周易》《大学》《中庸》《左传》；属于史部的，如《战国策》《史记》《三国志》《贞观政要》《资治通鉴》；属于子部的，如《道德经》《庄子》《孙子兵法》《鬼谷子》《世说新语》《颜氏家训》《容斋随笔》《本草纲目》《阅微草堂笔记》；属于集部的，如《楚辞》《唐诗三百首》《豪放词》《婉约词》《宋词三百首》《千家诗》《元曲三百首》《随园诗话》。这套书内容丰富，而分量适中。一个希望对中国优秀传统文化有所了解的人，读了这些书，一般说来，犯常识性错误的可能性就很小了。

崇文书局之所以出版这套国学经典普及文库，不只是为了普及国学常识，更重要的目的是，希望有助于国民素质的提高。在国学教育中，有一种倾向需要警惕，即把中国优秀的传统文化“博物馆化”。“博物馆化”是20世纪中叶美国学者列文森在《儒教中国及其现代命运》中提出的一个术语。列文森认为，中国传统文化在很多方面已经被博物馆化了。虽然中国传统的经典依然有人阅读，但这已不属于他们了。“不属于他们”的意思是说，这些东西没有生命力，在社会上没有起到提升我们生活品格的作用。很多人阅读古代经典，就像参观埃及文物一样。考古发掘出来的珍贵文物，和我们的生命没有多大的关系，和我们的生活没有多大关系，这就叫作博物馆化。“博物馆化”的国学经典是没有现实生命力的。要让国学经典恢复生命力，有效的方法是使之成为生活的一部分。崇文书局之所以强调普及，深意在此，期待读者在阅读这些经典时，努力用经典来指导自己的内外生活，努力做一个有高尚的人格境界的人。

国学经典的普及，既是当下国民教育的需要，也是中华民族健康发展的需要。章太炎曾指出，了解本民族文化的过程就是一个接受爱国主义教育的过程："仆以为民族主义如稼穑然，要以史籍所载人物制度、地理风俗之类为之灌溉，则蔚然以兴矣。不然，徒知主义之可贵，而不知民族之可爱，吾恐其渐就萎黄也。"(《答铁铮》)优秀的传统文化中，那些与维护民族的生存、发展和社会进步密切相关的思想、感情，构成了一个民族的核心价值观。我们经常表彰"中国的脊梁"，一个毋庸置疑的事实是，近代以前，"中国的脊梁"都是在传统的国学经典的熏陶下成长起来的。所以，读崇文书局的这一套国学经典普及读本，虽然不必正襟危坐，也不必总是花大块的时间，更不必像备考那样一字一句锱铢必较，但保持一种敬重的心态是完全必要的。

期待读者诸君喜欢这套书，期待读者诸君与这套书成为形影相随的朋友。

陈文新

（教育部长江学者特聘教授，武汉大学杰出教授）

前言

产生于印度的佛教是世界三大宗教之一，自传入中国以来，对中国人的思想意识、民族关系、文化艺术、生活习惯等方面均产生过深远的影响。佛教何时传入中国，至今尚无定论。但传入汉土最可信的史实，当推鱼豢所撰《魏略·西戎传》所载："昔汉哀帝元寿元年(公元前 2 年)博士弟子景卢，受大月氏王使伊存口授《浮屠经》。"(《三国志·魏书》卷三十，裴松之注）这是佛教正式传入中国的正史明载。在两千多年的漫长发展史上，佛教为了适应我国社会政治、经济、文化环境，适合广大民众的信佛需求，通过不断吸收和融合我国传统文化，逐渐褪去了在印度原有的色彩，而表现出具有我国文化特色的新面貌，成为中华民族传统文化的重要组成部分，而其中的一些经典更是广为流传。《金刚经》《坛经》就是其中的杰出代表。

《金刚经》全称《金刚般若波罗蜜经》。金刚，喻坚固不可摧毁；般若，即为智慧；波罗蜜，意为到达彼岸。此名意为此经是能修成金刚不坏之身，修得悟透佛道精髓智慧，能脱离三界而到达苦海彼岸的经典。《金刚经》通过释迦牟尼佛与弟子须菩提对话的方式，启迪修道者，必须身在修行佛法而心中绝无佛法，心念虚空而不执迷于虚空，才能修得正果。相传此经是释迦牟尼佛涅槃后，由其弟子阿难诵读的。

《金刚经》对于中国文化影响非常之大。它最伟大之处，是超越了一切的宗教性，但也包含了一切的宗教性。它并不局限于佛教的范围。《金刚经》有云："一切贤圣，皆以无为法而有差别。"佛认为古往今来一切圣贤，都是得道成道的；只因个人程度深浅不同，因时、地的不同，所传化的方式有所不同而已。《金刚般若波罗蜜经》中的"般若"，并不是指普通的智慧，而是指能够解道、悟道、修证从而了脱生死、超凡入圣的大智慧，是属于道体上根本的智慧。它需要身心两方面整个的投入求证。对于怎样修成大智慧，《金刚经》认为，首先，一个人必须要有修佛之心，要灭度一切众生，使其共成佛道。灭度众生时，却又必须没有灭度的心念，只因为实际上并没有众生需要灭度。而度完道之后，还要认识到，实际上无一众生是自己

灭度的。这样，他们才能守住自己的心念，远离诸相的干扰而降伏自己的心，才成修成至高无上、大彻大悟的大智慧。《金刚经》认为，世上没有什么佛法能启发大智慧之心，“如来”者，即“诸法如义”，就是一切诸法都无法可得，自心即佛，即心即佛。

《坛经》，又称《六祖坛经》或《六祖大师法宝坛经》。它出现于公元八世纪唐朝后期，是禅宗主张心学一派最具代表性的典籍。《坛经》是六祖慧能大师得法经过及其教化的记载，由其弟子法海集录。

慧能大师，是禅宗的第六代祖师，从五祖弘忍大师受学，因“菩提本无树，明镜亦非台。本来无一物，何处惹尘埃”一偈明心见性，而得弘忍大师传与衣钵。又因与神秀大师的佛门正宗之争而遭神秀弟子追杀，隐遁于四会、怀集二县十余年。后因“风动、幡动”之辩，为众人所异。韶州刺史韦璩仰其道风，率同僚入山请慧能入城，于大梵寺讲堂为众说法，兼授无相戒。僧尼道俗集者千余人，门人法海编录其法语，又加入后来集录的法语，成为后世通行的《法宝坛经》。

慧能主张舍离文字义解，而直澈心源。他认为，这种境界是“如人饮水，冷暖自知”。“心量广大，遍周法界，去来自由，心体无滞，即是般若。一切般若智，皆从自性而生，不从外入。若识自性，一悟即至佛地。”慧能认为觉性本有，烦恼本无，直接契证觉性，便是顿悟，当下即可成佛。《坛经》强调“见自性清净，自修自作法身，自行佛行，自成佛道”。一个修行者只要坚持修行十善，那么极乐世界便在眼前，只要行善，自己所处的便是西方净土。“佛在心中坐，莫向身外求”，千万别向身外去寻求佛。不识本性就是苦海中的众生，认识了自我的本性就是脱离生死苦海的佛。

在中国历史上，很多士大夫都曾以诵读佛经作为宣泄苦闷的方式，以逃避现实，企图忘却烦恼。或许，每一部佛经真的就是一本哲学书，它们是植根于痛苦心酸的土壤而开出的超脱飘逸的奇葩，是看破红尘后的会心微笑。能够闲时拿起佛经读读，也能得到佛光的熏陶吧。

金刚经

坛经

金刚经

第一品　法会因由分

【原文】

如是我闻。一时，佛在舍卫国祇树给孤独园，与大比丘众千二百五十人俱。尔时，世尊食时，著衣持钵，入舍卫大城乞食。于其城中，次第乞已，还至本处。饭食讫，收衣钵，洗足已，敷座而坐。

【译文】

这本《金刚般若波罗蜜经》是我亲自听到佛祖说的。在说此经的时候，佛在舍卫国的祇树给孤独园中，和佛在一起的还有有德的高僧及弟子约一千二百五十人。那时候已经快到吃饭的时间。大家穿上了袈裟，拿着盛饭的钵，由祇树给孤独园走进舍卫大城去化缘。在城中挨家挨户要饭，仍回到原处用斋。佛用完斋饭，将衣钵收拾干净，用清水洗净双脚，放置座垫，便盘腿打坐。

第二品　善现启请分

【原文】

时长老须菩提在大众中，即从座起，偏袒右肩，右膝著地，合掌恭敬，而白佛言：“希有！

世尊，如来善护念诸菩萨，善付嘱诸菩萨。世尊！善男子、善女人，发阿耨多罗三藐三菩提心，云何应住？云何降伏其心？”

佛言：“善哉！善哉！须菩提！如汝所说，如来善护念诸菩萨，善付嘱诸菩萨。汝今谛听，当为汝说。善男子、善女人，发阿耨多罗三藐三菩提心，应如是住，如是降伏其心。”

“唯然！世尊！愿乐欲闻。”

【译文】

这时，众弟子中德高年长的须菩提，在大众中从自己的座位上站了起来。他露出右肩，右膝跪地，两手合掌，很恭敬地对佛行了一个礼，说道：“稀世难得的世尊啊，您善于保护怜念菩萨弟子，使他们能持有自己的善心；又善于嘱咐指导一切学佛的大众。世尊！还有那些善男信女，若是发了无上正等正觉的菩提心时，要怎样才能使这个菩提心常住不退呢？如果他们起了妄念的时候，又怎样去降伏他们的妄心呢？”

佛回答说："问得好！问得好啊！正如你所说的，我善于保护怜念菩萨弟子，也善于嘱咐指导一切学佛的大众，你既然明白这个道理，就要仔细用心地听，我来为你们解说。如果有善男信女发了无上正等正觉的菩提心时，要这样才能使这个菩提心常住不退；如果他们起了妄念的时候，要这样去降伏他的妄心。"

须菩提回答说："是的，世尊！我很高兴聆听您的解说。"

第三品　大乘正宗分

【原文】

佛告须菩提："诸菩萨摩诃萨，应如是降伏其心：所有一切众生之类——若卵生、若胎生、若湿生、若化生，若有色、若无色，若有想、若无想、若非有想、非无想，我皆令入无余涅槃而灭度之。如是灭度无量无数无边众生，实无众生得灭度者。何以故？须菩提！若菩萨有我相、人相、众生相、寿者相，即非菩萨。"

【译文】

佛告诉须菩提说："诸菩萨、摩诃萨等应这样降伏其妄念心，方可常住菩提心。我把一切众生划分为九类：如卵生、胎生、湿生、化生，如有色、无色，如有想、无想、非有想、非无想等。我要为所有众生灭他们的业障，度他们超脱轮回六道，以臻于不生不死、清净无为之乡。话又说回来，我虽然这样灭度，但是一切众生实在没有得到我的灭度。

这是为什么呢？须菩提！若他们有得我灭度的念头，即还执著我相、人相、众生相、寿者相，还是执著自性的众生，尚未灭度无余，自然不是菩萨。”

第四品　妙行无住分

【原文】

“复次，须菩提！菩萨于法，应无所住，行于布施。所谓不住色布施，不住声、香、味、触、法布施。须菩提！菩萨应如是布施，不住于相。”

“何以故？”

“若菩萨不住相布施，其福德不可思量。须菩提！于意云何？东方虚空可思量不？”

“不也，世尊！”

“须菩提！南、西、北方，四维上、下虚空，可思量不？”

“不也。世尊！”

“须菩提！菩萨无住相布施，福德亦复如是，不可思量。须菩提！菩萨但应如所教住！”

【译文】

“再说了，须菩提，菩萨于无上正等正觉之法，应该不著相布施。所谓不著相布施，就是要六根清净，离开色、声、香、味、触、法等尘相而布施，施者忘施，受者忘受。须菩提，菩萨应该不住相布施。”

“为什么呢？”

“因为著相布施，是局于有相；若不著相布施，就无相可住，像这样不住相布施的福德就不可限量了。须菩提！譬如说东方那无边际的虚空，你可以以心思度量吗？”

须菩提回答说：“不可以。世尊！”

“须菩提！南、西、北方及上下虚空那样的毫无边际，你是否可以用你的心思去度量呢？”

须菩提回答说：“不可以的。世尊！”

“须菩提！菩萨若能不著相布施，所得的福德也就像虚空这样的不可限量。须菩提！菩萨应该照我所教的这样去做。”

第五品　如理实见分

【原文】

“须菩提！于意云何？可以身相见如来不？”

“不也，世尊！不可以身相得见如来。”

“何以故？”

“如来所说身相，即非身相。”

佛告须菩提：“凡所有相，皆是虚妄。若见诸相非相，即见如来。”

【译文】

佛说：“须菩提！你认为普通的修行人，看见了我外表的身相，就会看见不生不灭、无所从无所去的如来吗？”

须菩提回答说：“不会的，世尊！”

“为什么呢？”

“原因是师父您所说的身相，并非身相，是法相，所以不能看见。”

佛又告诉须菩提说：“不但我的身相是这样的，凡世间所有的相，都是虚无不实的。若是识破了诸相都是虚空的道理，就可以看见如来的法相了。”

第六品　正信希有分

【原文】

须菩提白佛言：“世尊！颇有众生，得闻如是言说章句，生实信不？”

佛告须菩提：“莫作是说！如来灭后，后五百岁，有持戒修福者，于此章句，能生信心，以此为实。当知是人，不于一佛、二佛、三四五佛而种善根，已于无量千万佛所种诸善根。闻是章句，乃至一念生净信者。须菩提！如来悉知悉见，是诸众生得如是无量福德。”

“何以故？”

“是诸众生，无复我相、人相、众生相、寿者相，无法相，亦无非法相。”

“何以故？”

“是诸众生，若心取相，即为著我、人、众生、寿者。若取法相，即著我、人、众生、寿者。”

“何以故？”

“若取非法相，即著我、人、众生、寿者。是故不应取法，不应取非法。以是义故，如来常说：汝等比丘！知我说法，如筏喻者；法尚应舍，何况非法？”

【译文】

须菩提禀告说：“世尊！您所说的这些妙理，一般众生听了能了解和相信吗？”

佛告诉须菩提说：“你不能这样说。我说的法，虽然深妙，难道都没有相信的人吗？就是到我死后五百年，只要有持守戒律、广修福田的人，看到此经中的一章一句，自然能信以为真。也就可以知道这种人善根深厚，不仅是一二三四五佛所种的善根，乃是从无量佛所种得来的善根。这种人看到此经的一章一句，而能心净不乱，心信不疑。须菩提！我可以洞悉此类净信我法的芸芸众生是通佛性的，是可以得到如十方虚空般漫无边际的无量福德的。”

“为什么呢？”

“因为这些众生善根纯熟，已悟得真空无相的道理，已离开我相、人相、众生相、寿者相；并且无法相，也无非法相。”

“为什么呢？”

“如果这些众生，若心有所取相，即著了我、人、众生、寿者四相；若执著此经章句，也是著了我、人、众生、寿者四相。”

“为什么呢？”

“若心执偏空，就是固执人死身心皆断灭，归于空无的一个错误的断见，也与著我、人、众生、寿者四相无异。所以于法相实不应执有也不应执无，才得以悟入性空，自然离法。就因为这个道理，所以我常告诉你们这些比丘，对于我所说的一切法，只是要你们假借此法度脱生死的苦海。如果你们见了自己的本性，就可以舍去此法。好比编竹筏，渡人过河，到了彼岸就无须再用筏了。佛的正法尚且要舍去，又何况不是佛法的世间文词呢？”

第七品　无得无说分

【原文】

“须菩提！于意云何？如来得阿耨多罗三藐三菩提耶？如来有所说法耶？”

须菩提言：“如我解佛所说义，无有定法，名阿耨多罗三藐三菩提，亦无有定法如来可说。”

“何以故？”

“如来所说法，皆不可取、不可说；非法、非非法。”

“所以者何？”

"一切贤圣,皆以无为法,而有差别。"

【译文】

佛说:"须菩提!你认为我已得无上正等正觉的菩提法吗?你认为我有说法吗?"

须菩提回答说:"就我对您所说法的理解,并没有一定的法。而无上正等正觉的菩提法,也没有一定的法可说。同时,也没有定法让如来可说的。"

"为什么呢?"

"因为您所说的法,是无上菩提之法,可以心悟,而不可取相执著;只可意会,不可以言说;不是法,又不能说不是法。"

"为什么呢?"

"因为一切圣贤,都用这个无为法自修。只是随各人所修的程度不同,而所悟得就有差别。"

第八品　依法出生分

【原文】

"须菩提!于意云何?若人满三千大千世界七宝,以用布施。是人所得福德,宁为多不?"

须菩提言:"甚多。世尊!"

"何以故?"

"是福德,即非福德性。是故如来说福德多。"

"若复有人,于此经中受持,乃至四句偈等,为他人说,其福胜彼。"

"何以故？"

"须菩提！一切诸佛，及诸佛阿耨多罗三藐三菩提法，皆从此经出。须菩提！所谓佛法者，即非佛法。"

【译文】

佛说："须菩提！你的看法是怎样的？如果有人以充满了大千世界的金银七宝来行布施，你认为这个人所得的福德多不多呢？"

须菩提回答说："世尊！当然是很多。"

"为什么呢？"

须菩提回答说："因为这种福德，是有相的布施，毕竟还是无福德性。然以人世报施的福德而言，这个人的福德还是很多的。"

佛又说："如果有人，受持此经，甚至只要为人演说此经其中的四句偈等，那么他所得到的福德，比前面说的用大千世界的七宝施福所得福德更多。"

"为什么呢？"

"须菩提！因为一切诸佛，及成佛的无上正等正觉菩提法，都是从此经缘生的。须菩提！本来就没有佛法可言，不过借之以开悟众生，替它取名为佛法而已。所以所谓的佛法，就是非佛法。”

第九品　一相无相分

【原文】

“须菩提！于意云何？须陀洹能作是念，我得须陀洹果不？”

须菩提言：“不也。世尊！”

“何以故？”

“须陀洹名为入流，而无所入；不入色、声、香、味、触、法，是名须陀洹。”

“须菩提！于意云何？斯陀含能作是念，我得斯陀含果不？”

须菩提言：“不也。世尊！”

“何以故？”

“斯陀含名一往来，而实无往来，是名斯陀含。”

“须菩提，于意云何？阿那含能作是念，我得阿那含果不？”

须菩提言：“不也。世尊！”

“何以故？”

“阿那含名为不来，而实无不来，是故名阿那含。”

“须菩提！于意云何？阿罗汉能作是念，我得阿罗汉道不？”

须菩提言：“不也。世尊！”

“何以故？”

“实无有法名阿罗汉。世尊！若阿罗汉作是念，我得阿罗汉道，即为著我、人、众生、寿者。世尊！佛说我得无诤三昧，人中最为第一，是第一离欲阿罗汉。世尊！我不作是念：‘我是离欲阿罗汉。’世尊！我若作是念，我得阿罗汉道，世尊则不说须菩提是乐阿兰那行者，以须菩提实无所行，而名须菩提，是乐阿兰那行。”

【译文】

佛说：“须菩提，你认为当人在修行须陀洹时，是否已得声闻初果呢？”

须菩提回答说：“不会。世尊！”

“为什么呢？”

“因为须陀洹的意思虽称为入流却无所入，因其不入色、声、香、味、触、法，所以才称为须陀洹。”

佛又说：“须菩提！你认为当人在修行斯陀含时，会不会自己得声闻第二果呢？”

须菩提回答说：“不会。世尊！”

“为什么呢？”

“因为斯陀含的心境，已达于至静之处，虽然当时的修行还是一生一灭，所以称之为一往来，实际上已无第二个生灭，心不著生灭之相，所以实无往来。”

佛又说:“须菩提!你认为当人在修行阿那含时,会不会自己已得声闻第三果呢?”

须菩提回答说:“不会。世尊!”

“为什么呢?”

“因为阿那含,心空无我,已断尘识思惑,六尘四相,一一证空,而无不来之相。所以阿那含意思虽称为不来,其实是永不来欲界受生的意思。”

佛又说:“须菩提!你认为当人在修行阿罗汉时,会不会自己已得声闻第四果呢?”

须菩提回答说:“不会。世尊!”

“为什么呢?”

“因为阿罗汉已心空相俱灭。既无得道之念,也没有得果之念,不再感受未来的生死,并不是另外有个实在的自性法,可以称之为阿罗汉。如果阿罗汉自念得道,即著我、人、众生、寿者四相,就不能叫做阿罗汉了。世尊!您曾经这样说过我:说我远离一切著相、取相的分别,远离一切是非,契合真理,已到奥妙之处。在诸弟子中,赞许我为解空第一。是第一个脱尽人我,断绝此念,离欲的阿罗汉。世尊!我虽蒙师父如此的称赞,我确实没有得了阿罗汉的念头。世尊!我若有得了阿罗汉的念头,便是生了妄念,又如何得到六欲皆空的阿罗汉。如果是这样,您就不会说我是好寂静的阿兰那行者,因为我心原无所得,亦无所行,只因本分上一尘不染,以此得名须菩提而已。所以师父您才称赞我是好寂静之行者。”

第十品　庄严净土分

【原文】

佛告须菩提："于意云何？如来昔在然灯佛所，于法有所得不？"

"不也，世尊！如来在然灯佛所，于法实无所得。"

"须菩提！于意云何？菩萨庄严佛土不？"

"不也。世尊！"

"何以故？"

"庄严佛土者，即非庄严，是名庄严。"

"是故，须菩提！诸菩萨摩诃萨，应如是生清净心，不应住色生心，不应住声、香、味、触、法生心，应无所住，而生其心。须菩提！譬如有人，身如须弥山王，于意云何？是身为大不？"

须菩提言："甚大。世尊！"

"何以故？"

"佛说非身，是名大身。"

【译文】

佛说："须菩提！你认为以前我在燃灯佛那儿，有没有从他那儿得法呢？"

须菩提回答说："没有，世尊！您在燃灯佛那儿，是自修自悟，于法实无所得。”

佛又说：“须菩提！你认为菩萨会用功德来庄严佛土吗？”

须菩提回答说：“不会。世尊！”

“为什么呢？”

“因为您所说的庄严，不是形相庄严，不过假借庄严之名而已。”

佛又说：“就因为如此，须菩提！所以诸菩萨、摩诃萨应该像这样一心不乱，生清净心，不可执著在色、声、香、味、触、法之上生意念。否则便被六尘所蒙蔽、所束缚，妄念旋起，又怎么能清净呢？原来清净心，本无所住的。须菩提！譬如有人，其身如须弥山王，你认为他的身形是否很大？”

须菩提回答说：“非常大。世尊！但是此人身形虽大，却不能称为大身。”

“为什么呢？”

“因为他的身形再大，也是有生有灭，终受轮回。而师父您前面说的非相法身，包廓太虚，周藏法界，无相无住，岂是须弥山所能比量的呢？这只不过假借一个名，称之为大身而已。”

第十一品　无为福胜分

【原文】

“须菩提！如恒河中所有沙数，如是沙等恒河，于意云何？是诸恒河沙，宁为多不？”

须菩提言：“甚多。世尊！但诸恒河，尚多无数，何况其沙？”

“须菩提！我今实言告汝，若有善男子、善女人，以七宝满尔所恒河沙数三千大千世界，以用布施，得福多不？”

须菩提言：“甚多。世尊！”

佛告须菩提：“若善男子、善女人，于此经中，乃至受持四句偈等，为他人说，而此福德，胜前福德。”

【译文】

佛说：“须菩提！如用恒河中所有的沙数来作比喻，以一粒沙比喻一条恒河，那么所有恒河内的所有沙，你认为多吗？”

须菩提回答说：“非常多。世尊！各以一沙代表一恒河，河尚且就有无数多，何况是所有河中的所有沙呢？”

佛说：“须菩提，我实话告诉你，若有善男子、善女人，以一粒沙当作一个世界，用充满如恒河沙数那么多的三千大千世界的七宝来布施，那他所得的福德多不多？”

须菩提回答说:“当然很多。世尊!”

佛告诉须菩提说:“若有善男子、善女子,为他人说及此经,甚至只是受持四句偈等,而这个法布施所得的福德比前面用七宝布施所得的福德多得多了。”

第十二品　尊重正教分

【原文】

“复次,须菩提!随说是经,乃至四句偈等,当知此处,一切世间天、人、阿修罗,皆应供养,如佛塔庙。何况有人,尽能受持、读诵。须菩提!当知是人,成就最上第一希有之法。若是经典所在之处,即为有佛,若尊重弟子。”

【译文】

“再说,须菩提!若有人随便在什么地方讲演此经,甚至只说四句偈等,使那些听到说经的人,消除妄念。应该知道遇到说此经的处所是十分难得的,一切世间的天、人、鬼神等对于此处,皆应恭敬供养,作礼散花,如供养佛的塔庙一般。何况是那种能完全受持、读诵此经的人,他们当然是格外值得尊敬了。须菩提!应当知道这种人,他已经成就了世上第一稀有的无上菩提法。如果有这部经典的地方,就是有佛的地方,就是有佛最尊贵的弟子的地方。”

第十三品　如法受持分

【原文】

尔时，须菩提白佛言："世尊！当何名此经？我等云何奉持？"

佛告须菩提："是经名为《金刚般若波罗蜜》，以是名字，汝当奉持。"

"所以者何？"

"须菩提！佛说般若波罗蜜，即非般若波罗蜜，是名般若波罗蜜。须菩提！于意云何？如来有所说法不？"

须菩提白佛言："世尊！如来无所说。"

"须菩提！于意云何？三千大千世界所有微尘，是为多不？"

须菩提言："甚多。世尊！"

"须菩提！诸微尘，如来说非微尘，是名微尘。如来说世界非世界，是名世界。须菩提，于意云何？可以三十二相见如来不？"

"不也。世尊！不可以三十二相得见如来。"

"何以故？"

"如来说三十二相，即是非相，是名三十二相。"

"须菩提！若有善男子、善女人，以恒河沙

等身命布施，若复有人，于此经中，乃至受持四句偈等，为他人说，其福甚多！”

【译文】

这个时候，须菩提向佛问道：“世尊！此经应该取一个什么名字？我们应该怎样受持奉行此经呢？”

佛告诉须菩提说：“此经就取名为《金刚般若波罗蜜》，你们应当依法奉持。”

“为什么取这个名字呢？”

“须菩提！我所说的般若波罗蜜，是妙觉本性，空如太虚。本体既然是虚无，哪里还会有什么名字？不过恐怕人生断见，不得已勉强取个《金刚般若波罗蜜》的名称，便于众弟子奉持而已。须菩提！你认为如来佛法有所解说吗？”

须菩提回答说：“世尊！佛法在于自性自悟，既无可名之名，师父您就无所说。”

佛说：“须菩提！你认为三千大千世界里所有的微尘多不多？”

须菩提回答说：“甚多。世尊！”

佛说：“须菩提！微尘虽多，但皆无自性，悉假因缘而有，所以说是非微尘，只不过假借个名，称为微尘而已。同样的道理，我说世界虽大，然一切劫尽则坏，也是虚空不实的，只不过假借个名，称为世界而已。须菩提！你认为可以以佛的三十二相来认识佛的本性吗？”

须菩提回答说：“不可以，世尊！不可以通过三十二相见如来本性。”

“为什么呢？”

“因为您所说的三十二相，是属于因缘巧合，亦即随着众生的妄心所现的假相，根本没有它的实在自相可得，也是假借名为三十二

相而已。"

佛又说道："须菩提！假如有善男子或善女子，以与恒河沙等量的身家性命来布施众生；又假如有另一种人，演说此经，甚至只说四句偈等，他持经布施所得的福，还是比前面说的舍身布施之人所得的福更多啊。"

第十四品　离相寂灭分

【原文】

尔时，须菩提闻说是经，深解义趣，涕泪悲泣，而白佛言："希有！世尊。佛说如是甚深经典，我从昔来所得慧眼，未曾得闻如是之经。世尊！若复有人得闻是经，信心清净，即生实相。当知是人成就第一希有功德。世尊！是实相者，则是非相，是故如来说名实相。世尊！我今得闻如是经典，信解受持，不足为难，若当来世后五百岁，其有众生，得闻是经，信解受持，是人则为第一希有。”

“何以故？”

“此人无我相、无人相、无众生相、无寿者相。”

“所以者何？”

“我相，即是非相；人相、众生相、寿者相，即是非相。”

“何以故？”

“离一切诸相，即名诸佛。”

佛告须菩提：“如是，如是！若复有人，得闻是经，不惊、不怖、不畏，当知是人，甚为希有。”

“何以故？”

“须菩提！如来说第一波罗蜜即非第一波罗蜜，是名第一波罗蜜。须菩提！忍辱波罗蜜，如来说非忍辱波罗蜜，是名忍辱波罗蜜。”

“何以故？”

“须菩提！如我昔为歌利王割截身体，我于尔时，无我相、无人相、无众生相、无寿者相。”

“何以故？”

“我于往昔节节支解时，若有我相、人相、众生相、寿者相，应生嗔恨。须菩提！又念过去于五百世，作忍辱仙人，于尔所世，无我相、无人相、无众生相、无寿者相。是故，须菩提！菩萨应离一切相，发阿耨多罗三藐三菩提心，不应住色生心，不应住声、香、味、触、法生心，应生无所住心。若心有住,即为非住。是故佛说菩萨心,不应住色布施。须菩提!菩萨为利益一切众生故,应如是布施。如来说一切诸相,即是非相;又说一切众生,即非众生。须菩提!如来是真语者、实语者、如语者、不诳语者、不异语者。须菩提!如来所得此法,此法无实无虚。须菩提!若菩萨心住于法,而行布施,如人入闇,则无所见。若菩萨心不住法,而行布施,如人有目,日光明照,见种种色。须菩提!当来之世,若有善男子、善女人,能于此经受持、读诵,即为如来。以佛智慧,悉知是人,悉见是人,皆得成就无量无边功德。”

【译文】

这时,须菩提听到这里,心中已经深悟佛理旨趣,颇为感动地流下泪来,不禁向如来佛赞叹了一声:“稀有的世尊!您所说的实在是深奥经典,即使在从前,我虽具有慧眼,也能一闻千悟,却从未听过如此深奥的经。世尊,如果有人,得闻此经,而信心纯正清净,毫无尘念,从而生般若实相,就可知道这种人,是非常难得,是成就第一稀有功德的人。但是,世尊!毕竟这般若实相,就是诸法空相,不是一般所说实物,但为引导众生离开执著而找回本心,不得不假借一个名,称之为实相而已。世尊,此经我听到这里,已能了解其中的妙理,信奉修持,应该不是难事。倘若后世过五百年之后,茫茫众生有听到此经而能信解受持的人,则此人真的是明了自性的第一人,实在难得。”

“为什么呢?”

“因为这个人顿悟真空，必无我相、人相、众生相、寿者相，就因为他已经领悟我相即是非相，人相、众生相、寿者相也是非相，所以能够离一切相，其心灭寂，就可以称之为佛。”

佛告诉须菩提说：“对！你这样说是对的。当知后世如果有人，听到般若之妙法而不惊骇、不恐怖、不畏惧，这种人实在是很少见的。”

“为什么呢？”

“须菩提！这就是我所谓的第一波罗蜜，此人的智慧已到彼岸了。不过修持的人却不可以对彼岸有所执著，不过为了要引导众生修持，特别给予一个名称，称之为第一波罗蜜而已。须菩提！再说到忍辱波罗蜜，凡辱境之来，恬然处之，不生忿怒即是忍辱波罗蜜。但真空本来无相，外不见其辱，内不见其忍，浑然两忘，切勿执著于忍辱。所以我说不是忍辱波罗蜜，只是为便于众生修持，特别给予一个名称，称之为忍辱波罗蜜。”

“为什么呢？”

“须菩提！就好比我的前生，被歌利王肢解身体的时候，确实无我相、人相、众生相、寿者相，如果我在被肢解时，著有四相，必定心生忿恨。须菩提，我又想起过去的前五百世，做忍辱仙人修忍辱之行时，就已离我、人、众生、寿者四相，由历劫顿悟真空。所以说，须菩提！菩萨之修行，首当空其心，离一切相，方能发无上正等正觉的菩提心。此心中不执著于色，不执著于声、香、味、触、法，应生无所住心，此心才能圆通无碍。若于六尘中，一有执著，便不能解脱其住心，即非菩萨的住处。所以我说，菩萨心本来是虚而明，若住于六尘就不能觉悟，我所谓的不应住色布施，原因就在于此。须菩提！菩萨不住色布施，发心广大，不是为己，是为有利于一切众生，应该要如此无相布施。而我所说的一切诸相，原是指点诸菩萨解脱的，其实真宝的本体皆是空的，原是非相。而一切众生，也是引导诸菩萨灭度而已，其实若见本性，妄心自离而入佛境，那么一切众生也就不是众生了。须菩提！我所说的般若波罗蜜，皆是无上的菩提，是真而不妄、实而不虚、如常不变，不是欺人的，也没有两种说法。须菩提！我所说的般若之法，是真如无相，无实性；是自性自足，无虚的。须菩提！如果菩萨是一心执著于法而行布施，则是未离四相，有如人进入暗室，一无所见。如果菩萨心不执著于法而行布施，则如同人张开眼时，日光四照，见种种色；其心洞澈真空，可了一切之境。须菩提！当我灭度后，到了后世，若有善男子或善女人，能于此经，受持读诵，即到菩提之觉位，成自性之如来，我当知此人，也必以无上智慧照鉴之。而此人成就见性的功德，是无量无边的。”

第十五品　持经功德分

【原文】

“须菩提！若有善男子、善女人，初日分以恒河沙等身布施，中日分复以恒河沙等身布施，后日分亦以恒河沙等身布施，如是无量百千万亿劫，以身布施。若复有人，闻此经典，信心不逆，其福胜彼。何况书写、受持、读诵、为人解说。须菩提！以要言之，是经有不可思议，不可称量，无边功德。如来为发大乘者说，为发最上乘者说。若有人能受持、读诵、广为人说，如来悉知是人、悉见是人，皆得成就不可量、不可称、无有边、不可思议功德。如是人等，即为荷担如来阿耨多罗三藐三菩提。”

“何以故？”

“须菩提！若乐小法者，著我见、人见、众生见、寿者见，则于此经不能听受、读诵、为人解说。须菩提！在在处处，若有此经，一切世间，天、人、阿修罗所应供养，当知此处，则为是塔，皆应恭敬，作礼围绕，以诸华香而散其处。”

【译文】

佛说："须菩提！若有善男子、善女人，于一日之间，早晨以相当于恒河沙数量的身家布施，中午又以相当于恒河沙数量的身家布施，晚上也以相当于恒河沙数量的身家布施。如此经百千万亿劫之久，一日三次皆如此布施，自当得布施之福。如果有人，听说此经，而能笃信不违逆，那么他所得的福德则胜过前面说的以身命布施的人。何况是手书口诵，为人解说此经的意义，不但自己明白，还要使人人见性，善根纯熟，其所得的福德之无量，更不用说了。须菩提！总而言之，此经有不可思议、不可称量、无边无际的功德。是我为发愿修证大乘佛教的人说的，为发愿修证上乘佛法的人说的。如有大慧根的人，持此大乘经典，广为人阐发妙旨，印契佛旨，所成就之功

德，我全部知道，也全都看得到。这种人既然能成就此功德，也就足以能成就如来无上菩提正法。”

“为什么呢？”

“那些喜好小乘佛法的人，局于妄心，不免执著于我、人、众生、寿者等私见，对此大乘最上乘法，不能理解，不能听受诵读，更不能为人解说此经。须菩提！无论是什么人，在什么地方讲解此经，那么无论天、人、鬼神都会齐来护卫法身，皆来供养。当知此经所在之处，即等于是佛塔所在之处。皆应尊敬法身，作礼围绕，并以香花供奉此处。”

第十六品　能净业障分

【原文】

“复次，须菩提！善男子、善女人，受持、读诵此经，若为人轻贱，是人先世罪业，应堕恶道。以今世人轻贱故，先世罪业，即为消灭，当得阿耨多罗三藐三菩提。须菩提！我念过去无量阿僧祇劫，于然灯佛前，得值八百四千万亿那由他诸佛，悉皆供养承事，无空过者。若复有人，于后末世，能受持、读诵此经，所得功德，于我所供养诸佛功德，百分不及一，千万亿分，乃至算数譬喻所不能及。须菩提！若善男子、善女人，于后末世，有受持、读诵此经，所得功德，我若具说者，或有人闻，心即狂乱，狐疑不信。须菩提！当知是经义不可思议，果报亦不可思议。”

【译文】

“再者说，须菩提！如果有善男子、善女人，受持读诵此经，如果不得天人恭敬，反而却被人轻贱，这是因为他在前世所种的罪业。既有罪业，则来世应该堕入地狱、恶鬼、畜生三恶道中，受尽苦难。而今世以持经功德，减轻他的罪业；其所以被人轻贱，就可以相抵消。不过他渐渐修持，因除果现，罪灭福生，依然可得无上正等正觉。须菩提！我想到前世，历经了无数无量的劫数。在未遇燃灯佛前，曾供养无数量佛，且尊重每一位佛都一样，无一不全心全意的供养。如果后人持诵此经，见自本性，永离轮回，他持经所得的功德，比我以前供佛的功德还胜过无数倍。须菩提！若善男子或善女人于后末世，受持读诵此经，必得无量之功德。此功德我只是约略而言，如果要详细说明，则其多如恒河之沙数说不尽，恐怕慧根浅的人，大则诳乱，小则狐疑，反而以为我所说的乃怪谈、滑稽之谈。须菩提！当知功德，由于经义，应于果报。经义甚深，不可推测；果报甚重，不可思议。”

第十七品　究竟无我分

【原文】

尔时，须菩提白佛言：“世尊，善男子、善女人，发阿耨多罗三藐三菩提心，云何应住？云何降伏其心？”

佛告须菩提：“善男子、善女人，发阿耨多罗三藐三菩提心者，当生如是心：我应灭度一切众生，灭度一切众生已，而无有一众生实灭度者。”

“何以故？”

“须菩提！若菩萨有我相、人相、众生相、寿者相，则非菩萨。”

“所以者何？”

“须菩提！实无有法，发阿耨多罗三藐三菩提心者。须菩提！于意云何？如来于然灯佛所，有法得阿耨多罗三藐三菩提不？”

“不也。世尊！如我解佛所说义，佛于然灯佛所，无有法得阿耨多罗三藐三菩提。”

佛言：“如是！如是！须菩提！实无有法，如来得阿耨多罗三藐三菩提。须菩提！若有法如来得阿耨多罗三藐三菩提者，然灯佛即不与我授记：‘汝于来世，当得作佛，号释迦牟尼。’以实无有法，得阿耨多罗三藐三菩提，是故然灯佛与我授记，作是言：‘汝于来世，当得作佛，号释迦牟尼。’”

“何以故？”

“如来者，即诸法如义。若有人言：如来得阿耨多罗三藐三菩提。须菩提！实无有法，佛得阿耨多罗三藐三菩提。须菩提！如来所得阿耨多罗三藐三菩提，于是中无实无虚。是故如来说一切法，皆是佛法。须菩提！所言一切法者，即非一切法，是故名一切法。须菩提！譬如人身长大。”

须菩提言："世尊！如来说人身长大，则为非大身，是名大身。"

"须菩提！菩萨亦如是。若作是言：'我当灭度无量众生。'则不名菩萨。"

"何以故？"

"须菩提！实无有法，名为菩萨。是故佛说：'一切法，无我、无人、无众生、无寿者。'须菩提！若菩萨作是言：'我当庄严佛土。'是不名菩萨。"

"何以故？"

"如来说庄严佛土者，即非庄严，是名庄严。须菩提！若菩萨通达无我法者，如来说名真是菩萨。"

【译文】

这时，须菩提对佛说："善男子、善女人这些已发菩提心的人，如何能常保持这菩提心？又如何能降伏妄念心呢？"

佛告诉须菩提说："善男子、善女人这些已发菩提心的人，应当生这种菩萨心：我应当度脱一切众生，让一切众生共证佛道，当度完一切众生后，心中要有实无一众生是我所灭度的心念。"

“为什么呢？”

“因为学道的菩萨，若存有灭度众生之心，则尚存有我、人、众生、寿者四相，则又从何发菩提心？又如何能称为菩萨呢？”

“这又是为什么呢？”

“须菩提！原因就是性本空寂，发此心的人，不过是自修自悟而成，而在真性中，实在没有发菩提心之法。须菩提！你认为我在遇见燃灯佛时，有没有从他那儿学得菩提心法？”

须菩提回答说：“没有。世尊！没有法可得菩提心，因为菩提心完全是自性自悟，虽在燃灯佛所，也无法可得菩提心法。”

佛说：“是的。须菩提！诚如你所说的，实在无法可得无上正等正觉的菩提心。须菩提！如果说有方法可得菩提心，那么燃灯佛就不会为我授记：‘你在下世，一定会成佛，佛号释迦牟尼。’正因为无法可得无上正等正觉的菩提心，燃灯佛才悬记来世说我方能成佛，并预定来世成佛之名号。”

“为什么呢？”

“因为如来的意思，就是本性寂然，不染不著，如其本来，而以释迦牟尼称之，最能合其意。如果有人说如来已得无上正等正觉的菩提心，那就错了。须菩提！就因为实在没有方法可得此菩提心。须菩提！我所谓的菩提心，是平等真如，实相妙法，不可以有形相见，乃是无实无虚，不可以言语形容，所以我说一切法中，只要能自悟真如，都可称之为佛法。但是，须菩提！于法不可拘泥于有无，所称的一切法，实际上并非是一切法，只是假借一个名，称之为一切法而已。须菩提！譬如有个人的身体高而且大，真的是大身吗？”

须菩提回答说：“您所说的大身，是有生有灭的，仍是有限量的，如何能称之为大身？不过假借一个名，称之为大身而已。”

佛说："须菩提！菩萨也是如此，真如清净才称之为菩萨。而灭度众生本是菩萨分内的事，如果他执著一念，认为他是菩萨，应该灭度一切众生，便有我相的观念，就不能称之为菩萨。"

"为什么呢？"

"因为一切皆空，实在没有什么称作菩萨的实体。所以我说，一切法中没有我相、人相、众生相、寿者相，则一切法自然都是佛法。须菩提！如果菩萨说我应当庄严整饬佛的刹土，也是著于相，不可称之为菩萨。"

"为什么呢？"

"因为所谓庄严佛土，是没有能庄严的人及能庄严的法，亦即没有实性的庄严佛土可言，只是假借一个名，称之为庄严而已。须菩提！若菩萨能大彻大悟，通达无我无法，才可以称之为真菩萨。"

第十八品　一体同观分

【原文】

"须菩提！于意云何？如来有肉眼不？"

"如是，世尊！如来有肉眼。"

"须菩提！于意云何？如来有天眼不？"

"如是，世尊！如来有天眼。"

"须菩提！于意云何？如来有慧眼不？"

"如是，世尊！如来有慧眼。"

"须菩提！于意云何？如来有法眼不？"

"如是，世尊！如来有法眼。"

"须菩提！于意云何？如来有佛眼不？"

"如是，世尊！如来有佛眼。"

"须菩提！于意云何？如恒河中所有沙，佛说是沙不？"

"如是，世尊！如来说是沙。"

"须菩提！于意云何？如一恒河中所有沙，有如是沙等恒河，是诸恒河所有沙数，佛世界如是，宁为多不？"

"甚多。世尊！"

佛告须菩提："尔所国土中，所有众生若干种心，如来悉知。"

"何以故？"

"如来说诸心，皆为非心，是名为心。"

"所以者何？"

"须菩提！过去心不可得，现在心不可得，未来心不可得。"

【译文】

佛说："须菩提！你认为如来具有肉眼吗？"

须菩提回答说："是的，世尊！如来您具有肉眼。"

佛说："须菩提！你认为如来具有天眼吗？"

须菩提回答说："是的，世尊！如来您具有天眼。"

佛说："须菩提！你认为如来具有慧眼吗？"

须菩提回答说："是的，世尊！如来您具有慧眼。"

佛说："须菩提！你认为如来具有法眼吗？"

须菩提回答说："是的，世尊！如来您具有法眼。"

佛说："须菩提！你认为如来具有佛眼吗？"

须菩提回答说："是的，世尊！如来您具有佛眼。"

佛说："须菩提！比如说在恒河中所有的沙，你认为我是不是说它是沙呢？"

须菩提回答说："是的，世尊！如来您说它是沙。"

佛说："那么，须菩提！比如一恒河中所有的沙，如果以其中一粒沙比作一恒河，再以所有恒河中的所有沙，以其中一粒沙比作一佛世界，你认为这样的佛世界不多吗？"

须菩提回答说："非常多，世尊！"

佛告诉须菩提说："不必远说到那么多的佛世界，就拿你所处的世界来说，所有众生的心思，随情而迁，逐境而生，种种心思颠倒妄想，我却能完全知道。"

"为什么呢？"

"因为所有这些心思，皆是众生的妄心，并非本性常住的真心，只是假借一个名，称之为心罢了。"

"这又为什么呢？"

"须菩提！常住的真心是寂然不动的，过去的心思不可滞留，现在的心思不可执著，未来的心思又不可预期。"

第十九品　法界通化分

【原文】

"须菩提！于意云何？若有人满三千大千

世界七宝,以用布施,是人以是因缘,得福多不?”

“如是,世尊!此人以是因缘,得福甚多。”

“须菩提!若福德有实,如来不说得福德多,以福德无故,如来说得福德多。”

【译文】

佛说:“须菩提!如果有人用充满三千大千世界的七宝来行布施,你认为此人因所播的因缘而得来的福德多不多?”

须菩提回答说:“是的,世尊!此人以这种布施因缘所得的福德非常多。”

佛说:“须菩提!若以有实相的因缘布施,其福报亦因其所施的因缘有限而有穷尽,所以我说他因此所得的福德不多。如果以无住实相布施,以无求福之心布施,正是无为清净之功德,我说此种福德才是真正的无限。”

第二十品　离色离相分

【原文】

“须菩提!于意云何?佛可以具足色身见不?”

“不也,世尊!如来不应以具足色身见。”

“何以故?”

“如来说具足色身,即非具足色身,是名具足色身。”

“须菩提！于意云何？如来可以具足诸相见不？”

“不也，世尊！如来不应以具足诸相见。”

“何以故？”

“如来说诸相具足，即非诸相具足，是名诸相具足。”

【译文】

佛说：“须菩提！你认为所谓的佛陀，可不可以凭佛圆满的色身形相来观察呢？”

须菩提回答说：“不可以。世尊！如来不可以凭佛圆满的色身形相来观察。”

“为什么呢？”

“因为您所说的佛圆满的色身形相，虽有三十二相，变化神通，但仍是缘起而非实相，只是假借一个名而已。”

佛说：“须菩提！你认为如来可不可以凭佛具备的圆满无缺的各种相貌特征来观察？”

须菩提回答说："不可以。世尊！不可以凭佛具备的圆满无缺的各种相貌特征来观察。"

"为什么呢？"

"因为您所说的具备圆满无缺的各种相貌特征，亦是缘起而无自性的，只是假借一个名罢了。"

第二十一品　非说所说分

【原文】

"须菩提！汝勿谓如来作是念：我当有所说法。莫作是念！"

"何以故？"

"若人言如来有所说法，即为谤佛，不能解我所说故。须菩提！说法者，无法可说，是名说法。"

尔时，慧命须菩提白佛言："世尊！颇有众生，于未来世，闻说是法，生信心不？"

佛言："须菩提！彼非众生，非不众生。"

"何以故？"

"须菩提！众生，众生者，如来说非众生，是名众生。"

【译文】

佛说："须菩提！你不要以为我会这样想：我当为众生说种种法。

因为我只是机缘相感，随人悟性，为之指点，未尝有说法之念头。你切勿有以为我有应当说法的念头。”

“为什么呢？”

“如果有人说：‘如来有所说法。’他这么说，即是诽谤佛，是他拘泥于文字，不能理解我所说的道理才会这么说。须菩提！所谓说法的意思，不是假于口说就能尽的，佛的真空妙理，原来无法，只不过为众生解除外邪妄心而说的，使之了悟真性，自证佛理，这是假借一个名，称之为说法而已，实际上我并没有说法。”

这时，禀性聪颖的须菩提向如来佛禀白说：“世尊！恐怕未来世的诸众生，听到这个无法之法，无说之说，不能完全了解，不知能否生信心。”

佛回答说：“须菩提！众生本来各自具有佛性，所以说他们非众生，但他们尚未解脱妄心，所以也不是非众生。”

“为什么呢？”

“须菩提！因为众生之所以为众生，只是尚未了悟，如果能了悟，即可立地成佛，众生也就不是众生，现在不过先假借一个众生的名称之而已。”

第二十二品　无法可得分

【原文】

须菩提白佛言：“世尊！佛得阿耨多罗三藐三菩提，为无所得耶？”

佛言：“如是！如是！须菩提！我于阿耨

多罗三藐三菩提，乃至无有少法可得，是名阿耨多罗三藐三菩提。”

【译文】

须菩提对如来佛说：“世尊！您得正等正觉菩提心，其实是什么也没有得到，是吗？”

佛回答说：“正是啊！正是啊！须菩提！我于菩提正法，丝毫都无所得。自性菩提，人人具足，如何能得，也无法可得，只是假借一个名，称之为无上正等正觉而已。”

第二十三品　净心行善分

【原文】

“复次，须菩提！是法平等，无有高下，是名阿耨多罗三藐三菩提。以无我、无人、无众生、无寿者，修一切善法，则得阿耨多罗三藐三菩提。须菩提！所言善法者，如来说即非善法，是名善法。”

【译文】

“再说，须菩提！我所说的无上正等正觉之法，是人人具足的，人人平等，佛与众生所具有的菩提心，也没有高下，所以才称之为无上正等正觉菩提。因为在真性中，原本无我、无人、无众生、无寿者等四相，如有此四相，则是受浮尘妄念所蒙蔽。所以若能修明心见性的一切善法，就可以得无上菩提。须菩提！我所谓的善法，是本性中自然的觉悟，原本就无善恶，只是为了开悟众生，假借一个名，称之为善法而已。”

第二十四品　福智无比分

【原文】

“须菩提！若三千大千世界中，所有诸须弥山王，如是等七宝聚，有人持用布施。若人以此《般若波罗蜜经》，乃至四句偈等，受持、读诵，为他人说，于前福德，百分不及一，百千万亿分，乃至算数譬喻所不能及。”

【译文】

佛说：“须菩提！如果有人以相当于三千大千世界中所有的须弥山堆积起来的七宝来行布施；而另外有人以此经，甚至只是少至其中的四句偈来为人演说。则前者以七宝布施所得的福德比不上后者所得福德的百千万亿分之一，甚至是不能用算数的譬喻所能算的。”

第二十五品　化无所化分

【原文】

“须菩提！于意云何？汝等勿谓如来作是念：我当度众生。须菩提！莫作是念！”

“何以故？”

“实无有众生如来度者。若有众生如来度者，如来即有我、人、众生、寿者。须菩提！如来说有我者，即非有我，而凡夫之人，以为有我。须菩提！凡夫者，如来说则非凡夫，是名凡夫。”

【译文】

佛说：“须菩提！你以为如何呢？你们不要以为，我在度化众生时，会有‘我应当度化众生’的念头。须菩提！你千万不要有这种想法。”

“为什么呢？”

“因为般若智慧，原本各自具足。如果他们闻经悟道，自可化度自己，实在没有众生是被我度化的。如果有众生说是由我所度化的，那么我即有我相、人相、众生相、寿者相，自己尚未度化，如何度化别人？须菩提！我虽口称有我，实际上却无我，而在凡夫看来，则执著有我，以为只有我能度化他们。须菩提！事实上，迷则为凡夫，悟则成佛，佛与凡夫，本性是相同的，只要能了悟，就不是凡夫，不过在他们未悟时，称之为凡夫而已。”

第二十六品　法身非相分

【原文】

“须菩提！于意云何？可以三十二相观如来不？”

须菩提言：“如是！如是！以三十二相观如来。”

佛言：“须菩提！若以三十二相观如来者，转轮圣王即是如来。”

须菩提白佛言：“世尊！如我解佛所说义，不应以三十二相观如来。”

尔时，世尊而说偈言：“若以色见我，以音声求我，是人行邪道，不能见如来。”

【译文】

佛说：“须菩提！你认为我如来可以用三十二相来观察吗？”

须菩提回答说：“是的！是的！您是可以通过三十二相来观察的。”

佛于是说：“须菩提！转轮圣王，因为福业厚重，也具有三十二相色身，如果我可以用三十二相来观察，那么转轮圣王岂不就可以成为如来了？”

须菩提闻言说道：“世尊！我已了解您所说的道理，您是不可以用三十二相来观察的。”

这时，如来便开口颂讲了如下偈语：“真性之佛是无形无相的，欲以形相和音声求见我的真性，那么这种人，就是走入了邪道，永远也不能见如来的真性。”

第二十七品　无断无灭分

【原文】

“须菩提！汝若作是念：如来不以具足相故，得阿耨多罗三藐三菩提。须菩提！莫作是念：如来不以具足相故，得阿耨多罗三藐三菩提。须菩提！汝若作是念，发阿耨多罗三藐三菩提心者，说诸法断灭。莫作是念！”

“何以故？”

“发阿耨多罗三藐三菩提心者，于法不说断灭相。”

【译文】

“须菩提！你如果认为如来不是因为具备圆满的三十二相的缘故，才证得无上菩提的，那你就错了。须菩提！你千万不可有这种想法，以为我不是因为具备圆满的三十二相才证得无上菩提的。须菩提！你如果也这样想，发无上菩提心，想证得无上菩提，而认为一切皆空，误以为不因修福，就可直证菩提，那就错了。错在说诸法断灭，你不可以有这种想法。”

“为什么呢？”

“因为发无上菩提心的，还是要从基本的修一切善法做起。说可以不依佛法修行，目的在于劝勉修行的人不要执著于法，而不是可以离法而行。”

第二十八品　不受不贪分

【原文】

“须菩提！若菩萨以满恒河沙等世界七宝，持用布施。若复有人，知一切法无我，得成于忍。此菩萨胜前菩萨所得功德。”

“何以故？”

“须菩提！以诸菩萨不受福德故。”

须菩提白佛言：“世尊！云何菩萨不受福德？”

“须菩提！菩萨所作福德，不应贪著，是故说：不受福德。”

【译文】

佛说：“须菩提！如果有菩萨用像恒河沙一样多的无量世界所有的七宝来行布施，而另有菩萨，知道一切法无我，而得以生成无我之忍，忍受一切苦难。那么后面所说的菩萨，所得的福德要胜过前面的菩萨多得多了。”

“为什么呢？”

“须菩提！因为这些菩萨在行布施时，就没有抱着受福德的想法，因其不受福德的缘故，所得的福德就无限量了。”

须菩提问道："世尊！因果受施是理所当然，为什么说菩萨要不受福德呢？"

佛说："须菩提！菩萨度生布施，不应贪求福德才行布施，福德有或没有，悉听自然，所以才说菩萨不受福德。"

第二十九品　威仪寂静分

【原文】

"须菩提！若有人言：'如来若来、若去，若坐、若卧。'是人不解我所说义。"

"何以故？"

"如来者，无所从来，亦无所去，故名如来。"

【译文】

佛说："须菩提！如果有人说我如来有时来、有时去，有时坐、有时卧，这个人并不了解我所说的道理。"

"为什么呢？"

“因为如来无形无相，真性自如，充满法界，随感而发，来固非来，去亦非去。就因为无去无来，所以称之为如来。”

第三十品　一合理相分

【原文】

“须菩提！若善男子、善女人，以三千大千世界碎为微尘，于意云何？是微尘众，宁为多不？”

须菩提言：“甚多。世尊！”

“何以故？”

“若是微尘众实有者，佛则不说是微尘众。”

“所以者何？”

“佛说微尘众，即非微尘众，是名微尘众。世尊！如来所说三千大千世界，则非世界，是名世界。”

“何以故？”

“若世界实有者，即是一合相；如来说一合相，则非一合相，是名一合相。”

“须菩提！一合相者，则是不可说，但凡夫之人，贪著其事。”

【译文】

佛说：“须菩提！若有善男子、善女人，将三千大千世界，捣碎成为微尘，你以为这些微尘多吗？”

须菩提回答说：“非常多。世尊！”

“为什么呢？”

“因为微尘虽多，但它的缘起是无性，绝不会执著于它实有的自体。如果这些微尘是有实体的，那您就不会称它们为微尘众了。这是什么缘故呢？因为您所说的微尘众，也是缘起非真实的，只是假借一个名，称之为微尘众而已。世尊！您所称的三千大千世界，也并非真的世界，也只是假借一个名，称之为世界而已。”

“为什么呢？”

“如果有一个真实的世界，也不过是众多微尘聚合的一种相状罢了。而您说这种微尘聚合的相状也不是实有，只是假借一个名字称之而已。”

佛说：“须菩提！一合相之理，空而不空，妙不可言喻。但凡夫蔽塞，执著于微尘聚合的世界，不明本性，不能了悟。”

第三十一品　知见不生分

【原文】

“须菩提！若人言：‘佛说我见、人见、众生见、寿者见。’须菩提！于意云何？是人解我所说义不？”

“不也，世尊！是人不解如来所说义。”

“何以故？”

“世尊说我见、人见、众生见、寿者见，即非我见、人见、众生见、寿者见，是名我见、人见、众生见、寿者见。”

“须菩提！发阿耨多罗三藐三菩提心者，于一切法，应如是知、如是见、如是信解，不生法相。须菩提！所言法相者，如来说即非法相，是名法相。”

【译文】

佛说：“须菩提！如果有人说：‘佛说过我见、人见、众生见、寿者见。’须菩提！你认为这个人是否了解我所说的意思？”

须菩提回答说：“没有，世尊！这个人并不了解您所说的意思。”

“为什么呢？”

“因为您所说的这四见，只是为了让凡夫了解佛的深意而说，事实上应该要超乎此四见之外，并非要拘泥于其中而存此四见，所以只是为了便于说明，而假借一个名，称之为我见、人见、众生见、寿者见而已。”

佛说：“须菩提！凡是发无上正等正觉菩提心的，都应当如此认

识、如此理解、如此信仰，不要执著于一切事物和现象，也不要执著于法相。须菩提！我所说的法相，本也是虚空的，即非法相；虚空中有幻相，所以才称之为法相。”

第三十二品　应化非真分

【原文】

“须菩提！若有人以满无量阿僧祇世界七宝，持用布施。若有善男子、善女人，发菩提心者，持于此经，乃至四句偈等，受持、读诵，为人演说，其福胜彼。云何为人演说？不取于相，如如不动。”

“何以故？”

“一切有为法，如梦、幻、泡、影；如露，亦如电，应作如是观。”

佛说是经已，长老须菩提，及诸比丘、比丘尼、优婆塞、优婆夷，一切世间天、人、阿修罗，闻佛所说，皆大欢喜，信受奉行。

【译文】

佛说：“须菩提！如果有人以充满了无穷世界的七宝来行布施，此外，另有善男子、善女人，发了无上菩提心，受持读诵此经，甚至少至以其中的四句偈，为人演说，使人悟性，那么此人因此所得的福德胜过前面以七宝布施的人甚多。而受持此经要如何为人演说呢？必须要不著相，不动心。”

“为什么呢？”

“因为，世间凡是有所为而成的法，都是生灭无常，如梦、如幻、如泡、如影、如露亦如电。凡属有所为，终究是虚幻的，应该都视为有如这六种一般。”

佛阐明讲解完这部《金刚经》，长老须菩提，与同时在法会听经的众多僧人、女尼、善男、信女，及一切世间的天、人、鬼神等，听完佛所说的般若大法，无不欢喜感化，信受其言，奉行其教。

坛经

行由品第一

【原文】

时，大师至宝林。韶州韦刺史与官僚入山请师出。于城中大梵寺讲堂，为众开缘说法。师升座次。刺史官僚三十余人，儒宗学士三十余人，僧尼道俗一千余人，同时作礼，愿闻法要。

【译文】

当时，六祖惠能大师来到宝林寺。韶州刺史韦璩与其僚属们入宝林山请大师到韶州城中的大梵寺讲经，为众生开演禅宗顿教法门。惠能大师登上法座。刺史及其僚属共三十多人，儒家饱学之士三十多人，和尚、尼姑、道士和俗家人等一千多人，同时向大师行礼，希望听到佛门法旨。

【原文】

大师告众曰："善知识！菩提自性，本来清净，但用此心，直了成佛。善知识！且听惠能行由得法事意。"

【译文】

惠能大师对众人说："有善根及智慧的各位信徒！菩提自性是本来觉悟清净的，是不生不灭、不垢不净、不增不减。只要用这个真心，就可以当下顿悟成佛，不要用你那妄想的心。有善根及智慧的各位信徒！诸位听着，现在我将告诉你们惠能得法的经过。”

【原文】

惠能严父，本贯范阳，左降流于岭南，作新州百姓。此身不幸，父又早亡，老母孤遗，移来南海，艰辛贫乏，于市卖柴。

【译文】

惠能的父亲，本籍是河北范阳，后被贬官流放到岭南，成了新州的普通百姓。这样已很不幸，父亲又早早去世，而遗下孤苦的他和守寡的母亲，只好迁移到南海，尝尽各种艰辛及贫乏。为了维持生存，惠能只有入山砍柴，挑回到市中去卖。

【原文】

时有一客买柴，使令送至客店。客收去，惠能得钱，却出门外，见一客诵经。惠能一闻经语，心即开悟。

【译文】

当时有一位客人买柴，要他把柴送到客店。客人收了柴，惠能拿了钱，刚刚走到门外，看到一个人在那里诵读经文。惠能一听到经文，心中即有所开悟。

【原文】

遂问客诵何经？客曰："《金刚经》。"复问："从何所来，持此经典？"客云："我从蕲州黄梅县东禅寺来。其寺是五祖弘忍大师在彼主化，门人一千有余。我到彼中礼拜，听受此经。大师常劝僧俗，但持《金刚经》，即自见性，直了成佛。"惠能闻说，宿昔有缘，乃蒙一客取银十两与惠能，令充老母衣粮。教便往黄梅，参礼五祖。

【译文】

惠能于是问客人诵读的是什么经书？客人回答说："《金刚经》。"惠能又问："那您是从哪里受持的这部经典？"客人回答说："我是从蕲州黄梅县的东禅寺得来的。禅宗五祖弘忍大师在那里主持化度，门人弟子有一千多人。我是在那里拜佛的时候，听诵受持的这部经典。弘忍大师经常劝僧俗众人，只要受持《金刚经》，就能自见本性，顿悟成佛。”惠能听他这么说，由于前世的宿缘，承蒙一位客人拿了十两银子给惠能，当作安顿家中老母衣食的费用，叫惠能前往黄梅县东禅寺，参礼五祖弘忍大师。

【原文】

惠能安置母毕，即便辞违。不经三十余日，便至黄梅，礼拜五祖。

祖问曰：“汝何方人？欲求何物？”

惠能对曰：“弟子是岭南新州百姓，远来礼师。惟求作佛，不求余物。”

祖言：“汝是岭南人，又是獦獠，若为堪作佛？”

惠能曰：“人虽有南北，佛性本无南北。獦獠身与和尚不同，佛性有何差别？”

五祖更欲与语，且见徒众总在左右，乃令随众作务。

惠能曰：“惠能启和尚，弟子自心，常生智慧。不离自性，即是福田。未审和尚，教作何务？”

祖云：“这獦獠，根性大利！汝更勿言，著槽厂去。”

惠能退至后院。有一行者，差惠能破柴、踏碓。经八月余，祖一日忽见惠能曰：“吾思汝之见可用，恐有恶人害汝，遂不与汝言。汝知之否？”惠能曰：“弟子亦知师意，不敢行至堂前，令人不觉。”

【译文】

惠能回去将他母亲的生活安顿好，就立刻辞别老母上路了。不出三十余日，他便抵达了黄梅县双峰山东禅寺，礼拜五祖弘忍大师。

五祖问："你是从哪里来的？来此地要求得什么？"

惠能答说："弟子是从岭南新州来的，我什么都不求，只求觉悟成佛，其他的都不重要。"

五祖说："你是岭南人，并且又是未开化的蛮夷，怎能作佛呢？"

慧能马上回答说："人虽有南北的分别，但佛性是常住不灭，没有南北分别的，虽然我是未开化的蛮夷，身份与您不同，可是在佛性又有什么差别呢？"

因为自己身旁的徒众聚在左右，五祖就止住不说了。他只简单告诉惠能说："好，你已来了，赶快跟随大家去做事。"

惠能说："惠能启禀五祖：我自心常生智慧，这智慧是从自性生出来的，不离此就是福田。我不知道大师要我做些什么样的活计呢？"

五祖说:“你这蛮夷根性锐利。不必多说了,到后院槽厂去吧。”

惠能来到后院，便有一个打杂的修行人每天差遣惠能劈柴、舂米。如此过了八个多月。一日,五祖忽然来见惠能,对他说:“我想你的智慧和见地是可用的,但是担心有人会因嫉妒你而起害你之心,所以故意不和你说那么多话,你明白我的苦心吗？”惠能回答说:“我明白,所以我不敢走进前殿法堂和师父讲话,以免别人注意。”

【原文】

祖一日唤诸门人总来:“吾向汝说,世人生死事大，汝等终日只求福田，不求出离生死苦海。自性若迷，福何可救？汝等各去，自看智慧,取自本心,般若之性。各作一偈,来呈吾看。若悟大意,付汝衣法,为第六代祖。火急速去,不得迟滞。思量即不中用，见性之人，言下须见。若如此者,轮刀上阵,亦得见之。”

【译文】

有一天,五祖大师唤所有的徒众集合起来,对他们说:“世人最重要的事就是生死。你们这些修行人,每天只知求得福报,而不想办法了脱生死,总在生死苦海里转来转去。若自己的本性迷昧了,尽求福报，怎可救你自己生死的问题呢？你们每个人去观察自己真正的慧根,要在自己的本心中找出般若之性,即真正的智慧。现在去作一首偈颂，拿来给我看，若你明白真正智慧的大意，我就授衣钵及传法给你,为第六代的祖师。你们快点作来给我看,不要拖延。若用思量分心来作，那是没有用的。因为明心见性，真正见到佛性的人，说完后便即刻明白。像这样的人，就是两军对阵的紧要关头，也能即刻见到自性。”

【原文】

众得处分，退而递相谓曰：“我等众人，不须澄心用意作偈。将呈和尚，有何所益？神秀上座，现为教授师，必是他得。我辈谩作偈颂，枉用心力。”余人闻语，总皆息心，咸言：“我等已后，依止秀师，何烦作偈？”

【译文】

徒众得到五祖吩咐后，就退回后堂，大家议论说：“我们不必搜肠刮肚作偈颂了，因为那是白费功夫的。将来送到弘忍大师那里，又有什么益处？神秀首座和尚，他是我们的教授师，给我们讲经说法，他的学问好、道德高，一定是他得到祖位。我们即使费心作颂也很粗陋，只是白费心思罢了。”其他人听到这话，都打消了作偈颂的念头，都说：“我们以后还是依靠神秀大师吧，又何必自找麻烦来作偈颂呢？”

【原文】

神秀思惟：“诸人不呈偈者，为我与他为教授师。我须作偈，将呈和尚。若不呈偈，和尚如何知我心中见解深浅？我呈偈意，求法即善，觅祖即恶，却同凡心夺其圣位奚别？若不呈偈，终不得法。大难！大难！”

【译文】

神秀心想:“唉!大家所以不作偈颂的原因,是因为我是他们的教授师父。按理来说我应该作偈,呈给弘忍大师。假使我不作偈的话,大师如何能知我对佛法见地的深浅程度?可是,我呈偈的用意,是为向五祖求法,那是好的。但若是为做第六代祖师而呈偈,这想法就不对了。这和凡夫世俗人为夺取圣位而作偈的心理又有什么分别呢?可是我若不作偈颂,就始终也得不到大师的法脉。唉!实在太难了!实在太难了!”

【原文】

五祖堂前,有步廊三间,拟请供奉卢珍画《楞伽经》变相及《五祖血脉图》,流传供养。

【译文】

在五祖住的堂前,有走廊三间,本想在墙上供奉卢珍画的《楞伽经》的变相和禅宗五位祖师的血脉图,以便流传后世供养。

【原文】

神秀作偈成已，数度欲呈，行至堂前，心中恍惚，遍身汗流。拟呈不得，前后经四日，一十三度呈偈不得。

【译文】

神秀把偈作好，很多次都想呈给五祖，可是每次走到五祖堂前，总是紧张得心神恍惚，急得全身流汗。想呈又不敢，这样来回过了四天，到过五祖堂前十三次，但还是不敢呈偈。

【原文】

秀乃思惟："不如向廊下书著，从他和尚看见。忽若道好，即出礼拜，云是秀作。若道不堪，枉向山中数年，受人礼拜，更修何道？"是夜三更，不使人知，自执灯，书偈于南廊壁间，呈心所见。

偈曰：

身是菩提树，心如明镜台。

时时勤拂拭，勿使惹尘埃。

【译文】

神秀大师心想："我不如将偈写在三间走廊墙上，让五祖自己看见。假使他称赞这偈颂作得好，那我就出来向五祖叩头礼拜，说这是我作的。如果他批评说这偈作得不好，那就枉费我在山中住那么多年，受人恭敬礼拜。那我还修什么道呢？"这天晚上三更时分，神秀瞒着别人,自己拿着小蜡烛,将偈写在南边走廊墙壁上,把心里所见的道理都写出来。

偈语说:身体好比是菩提树,内心好比是明镜台。我要时时刻刻勤加拂拭,不让它沾惹上一点尘埃。

【原文】

秀书偈了,便却归房,人总不知。秀复思维:"五祖明日见偈欢喜,即我与法有缘。若言不堪,自是我迷,宿业障重,不合得法。圣意难测。"房中思想,坐卧不安,直至五更。

【译文】

神秀写完了偈颂,就回到自己寮房,没有一个人知道。神秀又想:"当五祖明天看到偈颂时,如果欢喜,那就表示我和佛的心印妙法有缘。如果五祖说这偈不好,这是我没有开悟,宿世孽障太重了,因而不能得以心印心的妙法。唉!五祖的境界真是不可思议,不能测度他的意思和用心啊!"神秀在房间里,思前想后,坐卧不安,一直熬到天亮。

【原文】

祖已知神秀入门未得,不见自性。天明,祖唤卢供奉来,向南廊壁间绘画图相。忽见其偈,报言:"供奉却不用画,劳尔远来。经云:'凡所有相皆是虚妄。'但留此偈,与人诵持。依此偈修,免堕恶道。依此偈修,有大利益。"令门人炷香礼敬，尽诵此偈，即得见性。门人诵偈，皆叹善哉！

【译文】

五祖弘忍大师早知神秀仍未开悟，还没真正了悟自性。天亮时，五祖叫卢供奉在南廊壁上画《楞伽经》的变相和《五祖血脉图》，忽然看到墙上的偈颂，就对卢供奉说："你现在不用画了，把这首偈颂留在这儿已妙不可言，劳你那么远来而没有画画。《金刚经》上说：'所有一切有形有相，都是虚妄不真实的。'现留下这偈颂，给大家诵持。如果世人能依照这偈去修，可免堕三恶道；依这偈的道理去修，能得大利益。"于是就吩咐门下所有弟子燃香礼拜叩头，念诵这首偈颂，说："你们能依照这偈去修行，就可见性。"大众照五祖的吩咐恭敬地读后，都赞叹不已。

【原文】

祖三更唤秀入堂问曰："偈是汝作否？"秀言："实是秀作，不敢妄求祖位，望和尚

慈悲，看弟子有少智慧否？”

祖曰：“汝作此偈，未见本性。只到门外，未入门内。如此见解，觅无上菩提，了不可得。无上菩提，须得言下识自本心，见自本性，不生不灭。于一切时中，念念自见，万法无滞，一真一切真，万境自如如。如如之心即是真实，若如是见，即是无上菩提之自性也。汝且去，一两日思惟，更作一偈将来。吾看汝偈，若入得门，付汝衣法。”

神秀作礼而出。又经数日，作偈不成。心中恍惚，神思不安，犹如梦中，行坐不乐。

【译文】

五祖三更时把神秀叫到他的禅房里，问道：“这偈颂是不是你作的？”

神秀恭敬地回答：“的确是我作的，我不敢妄自贪求第六代祖师位，希望祖师慈悲，看弟子能有多少慧根呢？”

五祖对神秀说：“你作的这首偈颂，还没有见到真如本性，你还是个门外汉呢！像你这般见解，想修行而得无上菩提，是得不到的。所谓无上菩提，必须要认识自己的本心，明心见性。要知自性是不生不灭的，在一切时中，知一切法都是圆融无碍，没有一点滞塞不通的地方。你要是一样真了，则样样都真了，万境都到如如不动的境界上。这如如不动的心，才是真实的。你若能有这样的见地，这才是无上菩提的本性。你先回去，在一两天之内再想一想，重作一首偈颂，拿来给我看。你作的偈颂若是明心见性，开悟见性，入到佛法门里，那我就将衣钵传授给你。”

神秀向五祖顶礼退出。又经过很多天,还是没作成偈颂。他心中焦虑,恍恍惚惚,就像在梦中似的,行住坐卧都不安宁。

【原文】

复两日,有一童子于碓坊过,唱诵其偈。惠能一闻,便知此偈未见本性。虽未蒙教授,早识大意。遂问童子曰:“诵者何偈?”

童子曰:“尔这獦獠,不知大师言:世人生死事大,欲得传付衣法,令门人作偈来看,若悟大意,即付衣法,为第六祖。神秀上座于南廊壁上书无相偈,大师令人皆诵,依此偈修,免堕恶道;依此偈修,有大利益。”

【译文】

又过两天,有一童子从惠能舂米的房间走过,边走边唱诵神秀作的偈颂。惠能一听到这首偈颂,便知作偈颂者根本没有见到自己的本性,虽然没有人教授过他,但他却早就明白大意了。于是他就问这童子:“你念的是什么偈颂啊?”

童子说:“你这个蛮夷,不知道五祖大师说过吗:世人生死事情重大,因五祖欲传付他的衣钵给门人,故令所有徒众作偈给五祖看,若开悟得到明心见性的意旨,他就传授衣钵给此人,做第六代祖师。现在首席教授师神秀在南廊壁上写出一首无相的偈颂,五祖大师令所有的人都读诵。如果依这偈的道理去修,可免堕三恶道;依这偈的道理去修,能得大利益。”

【原文】

惠能曰："我亦要诵此，结来生缘。上人，我此踏碓八个余月，未曾行到堂前，望上人引至偈前礼拜。"

童子引至偈前礼拜。惠能曰："惠能不识字，请上人为读。"

时有江州别驾，姓张名日用，便高声读。惠能闻已，遂言："亦有一偈，望别驾为书。"

别驾言："汝亦作偈，其事希有！"

【译文】

惠能说："我也要诵读此谒，以结来生的法缘。上人，我在这里舂米已八个多月了，还没有到过前边的走廊，请上人您带我到偈前叩头礼拜好吗？"

童子于是带他到偈前礼拜。惠能说："惠能我一个字都不认识，请上人为我读诵。"

这时有一位在江州作别驾官的居士，叫张日用，便高声念这首偈颂。惠能听完后，就说："我也有一首偈颂，请别驾帮我写到墙壁上。"

张别驾说："你怎么也会作偈？这事情太稀奇了！"

【原文】

惠能向别驾言："欲学无上菩提，不得轻于初学。下下人有上上智，上上人有没意智。若轻人，即有无量无边罪。"

别驾言："汝但诵偈，吾为汝书。汝若得法，先须度吾，勿忘此言。"

惠能偈曰：

菩提本无树，明镜亦非台。

本来无一物，何处惹尘埃。

书此偈已，徒众总惊，无不嗟讶。各相谓言："奇哉！不得以貌取人。何得多时，使他肉身菩萨。"

祖见众人惊怪，恐人损害，遂将鞋擦了偈曰："亦未见性。"众以为然。

【译文】

惠能对张别驾说："你想学无上的菩提觉道，就不应该轻慢初学佛法的人。那些在下面做苦工的人，也有像最高贵地位人的智慧。相反地位最高的人，有时候也会埋没了智慧。假使你轻慢人，这就有无量无边的罪过。"

别驾说："好了，你说你的偈颂，我帮你写好了。但我先对你说明，你若是得法时，要先来度我，不要忘了！"

惠能的偈颂是这样说的：菩提觉性本无"树"的色相，明镜本心也没有"台"的色相。本来什么都没有，尘埃又从哪里生出呢？

写完这偈颂之后，寺里所有的和尚、居士，都发出惊讶的赞叹声并议论说："奇怪得很！真不可以貌取人！什么时候，他竟修成了肉身菩萨！"

五祖见众人惊怪，恐怕有人损害惠能。于是用鞋底将偈擦了说："这也没有见性，他讲得不对。"大众听五祖这么说，就深信不疑。

【原文】

次日，祖潜至碓坊，见能腰石舂米。语曰："求道之人，为法忘躯，当如是乎！"

乃问曰："米熟也未？"

惠能曰："米熟久矣，犹欠筛在。"

祖以杖击碓三下而去。惠能即会祖意。三鼓入室。

【译文】

第二天，五祖偷偷进入舂米房，见惠能腰上系着一块石头很费力地在舂米。就对他说："求道的人，为法而不顾惜身命，是应当这样的。

五祖问惠能："米熟了没有？"

惠能说："米已熟了很久了，只是还没有筛过。"

五祖用拐杖敲石碓三下，于是离去。惠能马上明白了五祖的意思。晚间三更，惠能来到佛堂。

【原文】

祖以袈裟遮围，不令人见，为说《金刚经》。至"应无所住，而生其心"，惠能言下大悟：一切万法，不离自性。遂启祖言："何期自性，本自清净。何期自性，本不生灭。何期自性，本自具足。何期自性，本无动摇。何期自性，能生万法。”

【译文】

五祖用袈裟遮住四周，不让别人看见，为惠能讲解《金刚经》，当惠能听到“应无所住，而生其心”时，便豁然大悟，知道一切佛法都离不开自己的本性。他对五祖说：“何必向外期求自性？自性本来就是清净空寂的。何必向外期求自性？自性本来就是不生不灭的。何必向外期求自性？自性本来就是众生皆有的。何必向外期求自性？自性本来就是不动不摇的。何必向外期求自性？自性本来就圆融了一切佛法。”

【原文】

祖知悟本性，谓惠能曰：“不识本心，学法无益。若识自本心，见自本性，即名丈夫、天人

师、佛。”

【译文】

五祖大师知道惠能已经开悟并认识本性，就对惠能说：“如果不认识自己的本心，学佛法是没有益处的。如果能认识自己的本心，见到自己的本性，这就是大丈夫，是天上和人间的导师，也就是佛了。”

【原文】

三更受法，人尽不知。便传顿教及衣钵云：“汝为第六代祖，善自护念，广度有情，流布将来，无令断绝。听吾偈曰：

有情来下种，因地果还生。
无情亦无种，无性亦无生。”

【译文】

在半夜三更，六祖惠能得五祖传授以心印心的妙法，没有一个人知道。五祖就把顿教法门和衣钵传给惠能，说：“你现在就是第六代祖师。你要好好保护衣钵，到世间广度一切有情的众生，而将佛法流布到未来，不要让它断绝啊！现在请听我的偈颂：在有情众生的心中播下成佛的种子，只要机缘成熟，就一定能生出佛果来。如果无情众生没有成佛的种子，也就没有佛性，没有成佛的希望。”

【原文】

祖复曰：“昔达摩大师，初来此土，人未之信。故传此衣，以为信体，代代相承。法则以

心传心，皆令自悟自解。自古，佛佛惟传本体，师师密付本心。衣为争端，止汝勿传。若传此衣，命如悬丝。汝须速去，恐人害汝。”

【译文】

五祖又说：“往昔初祖达摩大师，刚到中国时，人们都不相信他的大乘佛法，所以才传授这衣钵作为真传的信物，一代一代传承下来。其实佛法是要以心传心，令他自己觉悟，自己证得。自古以来，所有诸佛所传的就是本体——即自性，历来祖师相传的就是本心。衣钵是争端的开始，只传到你为止，以后不要再传下去了。如果要传此衣钵，恐怕性命就像根吊着百斤石头的丝线，随时有扯断的危险。你赶快离开此地，我怕有人会加害于你。”

【原文】

惠能启曰：“向甚处去？”

祖云：“逢怀则止，遇会则藏。”

惠能三更领得衣钵，云：“能本是南中人，素不知此山路，如何出得江口？”

五祖言：“汝不须忧，吾自送汝。”

【译文】

惠能问五祖：“我向什么地方去呢？”

五祖说：“到了有‘怀’字的地方就可以歇止，如果遇到有‘会’字的地方就隐藏起来。”

惠能在三更时分得到五祖传授的衣钵后，又问：“我本是南方人，不熟悉此地的蜿蜒山路，我如何出得江口呢？”

五祖安慰他道：“你不需担心，我亲自送你。”

【原文】

祖相送，直至九江驿。祖令上船，五祖把橹自摇。

惠能言：“请和尚坐，弟子合摇橹。”

祖云：“合是吾渡汝。”

惠能云：“迷时师度，悟了自度。度名虽一，用处不同。惠能生在边方，语音不正。蒙师传法，今已得悟。只合自性自度。”

祖云：“如是！如是！以后佛法，由汝大行。汝去三年，吾方逝世。汝今好去，努力向南。不宜速说，佛法难起。”

【译文】

五祖一直把惠能送到九江浔阳驿。五祖叫惠能快上船，就拿起摆船的橹自己摇了起来。

惠能说：“师父！请您坐着，应该由我来摇橹。”

五祖说：“应该我来渡你才对。”

惠能答道：“是的，在未悟到自性，本体迷失的时候，应由师父指示度化，可是一旦我开悟后，就应自己度自己。虽然同样是称为‘度’，但其用途是不同的。惠能我生在偏远的地方，说话语音不正，承蒙师父传我心印妙法，现我已开悟，故应自己度自己。”

五祖说：“不错，不错，这正契合我的心意。以后佛法将由你发扬光大。你离开三年后，因我传法有人，我将涅槃。你现在好好向前努力精进，向南方去吧！你要韬光晦迹，养精蓄锐，不要急着弘扬佛法，因为佛法是难以一时兴盛起来的。”

【原文】

惠能辞违祖已，发足南行。两月中间，至大庾岭。(五祖归，数日不上堂。众疑，诣问曰：“和尚少病少恼否？”曰：“病即无，衣法已南矣。”问：“谁人传授？”曰：“能者得之。”众乃知焉。)逐后数百人来，欲夺衣钵。

【译文】

惠能大师辞违五祖后，就向南走，经过两个多月，来到大庾岭。(五祖回去后，几天都不上堂说法。大家起了疑心，到方丈室问：“方丈大师，您没有生病吧？没有生烦恼吧？”五祖答：“病是没有，但我的衣钵已向南传去了。”众人问：“谁得到衣钵真传呢？”五祖答说：“被最有能

力和智慧的人得到了。”众人便知是惠能得到衣钵。）于是，就有数百人来追赶惠能，想抢回衣钵。

【原文】

一僧俗姓陈名惠明，先是四品将军，性行粗糙，极意参寻。为众人先，趁及惠能。

惠能掷下衣钵于石上，云：“此衣表信，可力争耶？”能隐草莽中。惠明至，提掇不动，乃唤云：“行者！行者！我为法来，不为衣来。”

惠能遂出，坐盘石上。

惠明作礼云：“望行者为我说法。”

惠能云：“汝既为法而来，可屏息诸缘，勿生一念，吾为汝说。”

明良久。惠能云：“不思善，不思恶，正与么时，那个是明上座本来面目。”

惠明言下大悟。复问云：“上来密语密意外，还更有密意否？”

惠能云：“与汝说者，即非密也。汝若返照，密在汝边。”

明曰：“惠明虽在黄梅，实未省自己面目。今蒙指示，如人饮水，冷暖自知。今行者即惠明师也。”

惠能曰：“汝若如是，吾与汝同师黄梅，善自护持。”

明又问：“惠明今后向甚处去？”

惠能曰："逢袁则止，遇蒙则居。"
明礼辞。

【译文】

有一位和尚，俗姓陈名叫惠明，在家时曾做到四品将军，性情粗俗，一心一意要抢回衣钵，他走在众人前头，眼看就要追到惠能了。

惠能就将衣钵放到石头上，说："这衣钵是传法的信物，怎可用武力来争夺呢？"自己隐藏到草丛中。惠明到了，看到衣钵，却拿不起来。惠明就喊道："修行有道的人，我是为佛法而来，并不是要来夺衣钵啊！"

六祖就从草丛中走出，坐在一块盘石上。

惠明叩头顶礼，说："我希望行者为我说法。"

惠能大师就对他说："你既为求法而非为抢夺衣钵而来，就要把一切攀缘心停止，什么都不要想，一念不生。我再为你说法。"

彼此屏息一段时间后，惠能大师说："你不想善、不想恶的时候，正在这个时候，哪个是惠明上座你本来的真面目？"

听到这样的开示，惠明就豁然开悟了。再问道："历代祖师代代相传的心心相契的妙语妙意之外，还有其他的妙意吗？"

惠能大师答说："我给你说出来的就不是最妙的了。你若能回光返照，则妙法都在你那儿，而不在我这里。"

惠明叹道："我在黄梅这么多年，实实在在还未省悟自己的真面目。现蒙行者的指示，就像人饮水，是冷是热，只有自己知道。现在行者您是我惠明的师父了。"

六祖大师说："你要是这样想的话，那么我就替黄梅五祖传法给你。我们同拜五祖为师，而作师兄弟。你好好保护佛法，莫令断绝。"

惠明又问："惠明我今后向何处去呢？"

六祖大师说："到了袁州就住下，到了蒙山就居留。"

这时惠明就向六祖叩头顶礼，拜辞而回。

【原文】

（明回至岭下，谓趁众曰："向陟崔嵬，竟无踪迹，当别道寻之。"趁众咸以为然。惠明后改道明，避师上字。）

惠能后至曹溪，又被恶人寻逐，乃于四会避难猎人队中，凡经一十五载。时与猎人随宜说法。猎人常令守网，每见生命尽放之。每至饭时，以菜寄煮肉锅。或问，则对曰："但吃肉边菜。"

【译文】

（惠明回到岭下，对正在追赶的众人说："我曾到山顶上看过了，找不到他的踪迹，他不是从这条路跑的，应当从其他道路追逐。"这些人都信以为真。惠明后改名为道明，以避讳惠能大师的"惠"字。）

惠能大师后来逃至曹溪南华寺，那些人仍不死心，到处寻找，打算

杀害惠能。惠能为了避难，于是到四会与猎人住在一起，这样经过十五年的岁月。十五年来，惠能时常抓住机会向猎人们说法。大捕猎时猎人们常派惠能大师做守网的工作，他一见活的走兽或飞禽，都尽力设法放生。每天吃饭的时候，他便在山上找些野菜放到肉锅里煮。如果有人问，他就说："我只吃些肉边的菜，我不吃肉。"

【原文】

一日思惟："时当弘法，不可终遁。"遂出，至广州法性寺。值印宗法师讲《涅槃经》。时有风吹幡动，一僧曰风动，一僧曰幡动，议论不已。惠能进曰："不是风动，不是幡动，仁者心动。"一众骇然。

印宗延至上席，征诘奥义。见惠能言简理当，不由文字。宗云："行者定非常人。久闻黄梅衣法南来，莫是行者否？"

惠能曰："不敢。"

宗于是作礼，告请传来衣钵出示大众。

【译文】

有一天惠能大师想："现在是弘扬佛法的时候了，我不可终日隐遁。"于是离开四会，来到广州的法性寺。正逢印宗法师开讲《涅槃经》。讲经时，有风吹动幡旗而左右摆动。这时有一僧说："这是风在动。"另一僧说："这是幡在动。"两人争执不已。惠能大师走进来，告诉他们说："这既不是风在动，也不是幡在动，是仁者的心在动啊！"当时听众听他这么一讲，都觉得非常玄妙。

印宗法师就请惠能大师到上座，请他开示经中奥妙的道理。但见惠能大师讲得明白晓畅，理路明晰，而不受经文字面的束缚。于是印宗法师非常佩服地说："修行人您一定不是个平常人。我久闻黄梅禅宗的衣钵向南传来了，莫非就是您这一位修行人呢？"

惠能大师答说："不敢当。"

印宗法师一听惠能大师就是继承五祖衣钵的传人，就向他叩头顶礼，并请求他将五祖所传的衣钵出示给大众看看。

【原文】

宗复问曰："黄梅付嘱，如何指授？"

惠能曰："指授即无，惟论见性，不论禅定解脱。"

宗曰："何不论禅定解脱？"

能曰："为是二法，不是佛法，佛法是不二之法。"

宗又问："如何是佛法不二之法？"

惠能曰："法师讲《涅槃经》明佛性，是佛法不二之法。如高贵德王菩萨白佛言：'犯四重禁，作五逆罪，及一阐提等，当断善根佛性否？'佛言：'善根有二，一者常，二者无常。佛性非常非无常，是故不断，名为不二。一者善，二者不善。佛性非善非不善，是名不二。'蕴之与界，凡夫见二，智者了达，其性无二，无二之性，即是佛性。"

印宗闻说，欢喜合掌言："某甲讲经，犹如

瓦砾。仁者论义，犹如真金。”于是为惠能剃发，愿事为师。惠能遂于菩提树下，开东山法门。

【译文】

印宗问道：“黄梅五祖大师传给您衣钵时，是如何传授指点您的呢？”

惠能大师答说：“倒没有什么指授，不过谈论见性，并不谈论禅定和解脱这种法门。”

印宗法师又问：“为何不谈论禅定和解脱的道理呢？”

六祖大师答说：“因为禅定和解脱都是相对立的二法，不是最上乘的佛法。佛法没有两重划分，是不二之法。”

印宗法师又问：“什么是佛法的不二之法？”

六祖大师说：“法师您宣讲《涅槃经》，您就应该知道见佛性，明心见性，这就是佛法不二之法。就像高贵德王菩萨向佛请问：‘如果有人犯杀、盗、淫、妄此四重禁，且又犯弑父、弑母、弑阿罗汉、破和合僧、出佛身血这五逆罪，还有那些不信佛法的阐提人等，这些人是否应当断善根佛性呢？’佛答：‘善根是有两种，一种是永恒不变的，一种是转瞬变易的。可是佛性并没有永恒不变和转瞬变易的区别，佛性是不断绝的，这就是不二法门。五戒十善这是善，五逆十恶这是恶，但佛性并没有善恶的分别，这就是不二法门。’色、受、想、行、识五蕴和六根、六尘、六识共十八界，在凡夫看来都是有区别的，但解悟佛性的人，了达其性，知道本空无二，就没有分别可言。如此无二的真性，就是佛性。”

印宗法师听了惠能大师说法后，满心欢喜，合掌恭敬地说：“我印宗讲经，就像砖头瓦块似的；可是仁者您啊，讲经就像真金那么的可贵。”于是，印宗法师在光孝寺为惠能大师落发，并且愿拜惠能大师为师父。惠能大师于是在菩提树下，开讲弘忍大师传下来的禅宗顿教东山法门。

【原文】

惠能于东山得法，辛苦受尽，命似悬丝。今日得与使君、官僚、僧、尼、道、俗同此一会，莫非累劫之缘，亦是过去生中，供养诸佛，同种善根，方始得闻如上顿教得法之因。教是先圣所传，不是惠能自智。愿闻先圣教者，各令净心。闻了各自除疑，如先代圣人无别。

一众闻法，欢喜作礼而退。

【译文】

惠能大师说："我在黄梅得佛法真传后，受尽种种的艰辛苦楚，各处避难，命像悬丝那样的危险。现在很庆幸能与韦璩刺史和各位官僚、僧人、比丘、比丘尼、道士、居士聚会一堂，这都是我们多生多劫缘分促成的，也是在往昔生生世世供养诸佛，同种善根，才能听闻如上所说顿教的法门，和我得法的因缘。佛教是以前佛、菩萨所传留下来的，不是我惠能自己的智慧。你们若愿听以前佛所说的教理，则先要清净其心。听法之后，各

自将怀疑除去，和听佛、菩萨所讲的一样。”

大家听了惠能大师的指示，都很欢喜，叩头而退。

般若品第二

【原文】

次日，韦使君请益。师升座，告大众曰：“总净心念摩诃般若波罗蜜多。”

复云：“善知识！菩提般若之智，世人本自有之。只缘心迷，不能自悟，须假大善知识示导见性。当知愚人、智人，佛性本无差别，只缘迷悟不同，所以有愚有智。吾今为说摩诃般若波罗蜜法，使汝等各得智慧。志心谛听，吾为汝说。”

【译文】

第二天，韦刺史请求多听些佛法。惠能大师就升法座法堂，宣示大众说：“请你们大家摒除杂念，心念清净，先念‘摩诃般若波罗蜜多’。”

大师接着说：“善知识！觉道的智慧，世人本都具足。只是因为执迷不悟，所以不能自己明白。必须要凭借明眼善知识，指示导引，使你明心见性。你应当知道，无论是愚蠢的人，或有智慧的人，其佛性是没有分别的。就因为有迷有悟的不一样，所以才有愚人和智慧的人。我现在为你们说摩诃般若波罗蜜法，使你们每个人都得自己本有的智慧。现在请专心一意倾听，我为你们说法。”

【原文】

善知识，世人终日口念般若，不识自性般若，犹如说食不饱。口但说空，万劫不得见性，终无有益。

善知识，“摩诃般若波罗蜜”是梵语，此言大智慧到彼岸。此须心行，不在口念。口念心不行，如幻、如化、如露、如电。口念心行，则心口相应，本性是佛，离性无别佛。

【译文】

善知识，世间上的人天天口里念“般若般若”，而不认识自己本性中就有般若智慧，般若就是自己本有的智慧。就像一天到晚念食谱，这是不会饱腹的。口诵般若，尽作口头禅，不去实行，即使历经一万个大劫还是不能见你本有的般若智慧，这对你始终是没有益处的。

善知识，“摩诃般若波罗蜜”是梵语，“摩诃”的意思是“大”，“般若”的意思是“智慧”，“波罗蜜”的意思是“到彼岸”。此法需要你心里真能放下看破，不是在于口里念诵。如果只是口念般若，而心里不照般若智慧去做，那就像虚妄幻化、像露水、像电光石火似的，毫无用处。如果口念心行般若，表里如一去实行，就能见到自性，就是佛，因为自己本性就是佛。如果离开自性，就没有佛了。

【原文】

何名摩诃？摩诃是大。心量广大，犹如虚空，无有边畔，亦无方圆大小，亦非青黄赤白，亦无上下长短，亦无瞋无喜、无是无非、无善无恶、无有头尾，诸佛刹土，尽同虚空。世人妙性本空，无有一法可得。自性真空，亦复如是。

善知识！莫闻吾说空，便即著空。第一莫著空，若空心静坐，即著无记空。

【译文】

什么叫摩诃呢？“摩诃”就是“大”。人的心量广大，就像虚空一样无边际、无限度，没有或方或圆、或大或小的形状，也没有青黄赤白黑等颜色的表现，也没有或上或下、或长或短的方位尺度，也没有或愤怒或欢喜的情感，也没有或是或非、或善或恶的道德标准，也没有或头或尾的尊卑区分。十方诸佛刹土和虚空是一样的。世人本有的妙性是空的，没有一个法可得。自性真空，也就像我上边所说的道理一样。

善知识，不要听到我说空，就执著于空。首先最重要的就是不执著于空。你假使说一切空，心空身也空，世界也空了，此时静坐在那地方，就会落入无善无恶，又无虚妄的“无记空”的深渊了。

【原文】

善知识！世界虚空，能含万物色相，日月星宿，山河大地，泉源溪涧，草木丛林，恶人善人，恶法善法，天堂地狱，一切大海，须弥诸山，总在空中。世人性空，亦复如是。

善知识！自性能含万法是大，万法在诸人性中。若见一切人，恶之与善，尽皆不取不舍，亦不染著，心如虚空，名之为大。故曰摩诃。

【译文】

善知识！世界本来就是虚空，能包罗万物，种种色相均能包容——日月星宿、山河大地、水泉溪涧、草木丛林、恶人善人，一概兼容并蓄。恶法、善法、天堂、地狱及一切大海、所有须弥山，均能包含其中。一般人的自性也就像这虚空一样，包罗万物。

善知识！自己的本性能包含一切佛法，这就是“大”。一切佛法均在人的自性中包含着。如果对一切人，无论是好或坏，均没有欢喜或憎恶的分别，不取容也不舍弃，也不染著善恶的境界，心量就像虚空一样包容万物，这就叫做“大”，这就叫“摩诃”。

【原文】

善知识！迷人口说，智者心行。又有迷人，空心静坐，百无所思，自称为大。此一辈人，不可与语，为邪见故。

善知识！心量广大，遍周法界。用即了了分明，应用便知一切。一切即一，一即一切。去来自由，心体无滞，即是般若。

【译文】

善知识！迷执的人只知道口说，而不实行。有智慧的人就真正用心躬行实践。还有些迷执的人，静坐下来，什么也不想，以为这就是“大”了。这一干人等落于顽空，不可跟他们交谈，因为他们是邪知邪见，而非正知正见。

善知识！人的心量广大无边，周遍一切法界。应用此心来观察，就如镜子照物，了了分明；应用此心来观察，就能知晓一切。一切就是一，一就是一切，自性能生万法，万法返归自性。自性是去来自由的，人的心量的本体也没有滞塞不通的时候，这就是般若智慧了。

【原文】

善知识！一切般若智，皆从自性而生，不从外入。莫错用意，名为真性自用。一真一切真。心量大事，不行小道。口莫终日说空，心中不修此行。恰似凡人自称国王，终不可得，非吾弟子。

【译文】

善知识！一切般若智慧，都是从人的自性而生，并非从外而来，不要向外驰求。所以不要错用你的心意，这就叫做自己会用真心了。一样若真了，则样样都真。心量是广大的事情，它不是修小根小器的人所修的空心静坐。你不要整天说空！空！般若！般若！而心里不修此般若行。这就像一个普通老百姓自封为国王一样，这是始终得不到的，这种人也不是我的弟子。

【原文】

善知识！何名般若？般若者，唐言智慧也。一切处所，一切时中，念念不愚，常行智慧，即是般若行。一念愚，即般若绝。一念智，即般若生。世人愚迷，不见般若。口说般若，心中常愚。常自言："我修般若。"念念说空，不识真空。般若无形相，智慧心即是，若作如是解，即名般若智。

【译文】

善知识！究竟什么叫"般若"呢？"般若"是梵语，中国话就叫智慧。在所有的地方，任何时候，念念明了不迷，念念没有无明，心中恒行正知正见，这就是修般若行。你如果一念愚痴，就与般若智慧断绝。你如果一念正智，般若智慧当下就会出现。世间的人都愚痴执迷，不能真正见到般若智慧。往往口里说智慧，而心中却常做愚痴事。他常自己说："我要修行智慧。"念念不忘谈论所谓的"空"，却根本不知什么是真正的自性

真空。般若智慧是没有形相的，心生智慧而没有无明就是了。你如果能有这样的见解，这就是般若智慧了。

【原文】

何名“波罗蜜”？此是西国语，唐言到彼岸，解义离生灭。著境生灭起，如水有波浪，即名为此岸。离境无生灭，如水常通流，即名为彼岸。故号“波罗蜜”。

善知识！迷人口念，当念之时，有妄有非。念念若行，是名真性。悟此法者，是般若法。修此行者，是般若行。不修即凡，一念修行，自身等佛。

【译文】

什么叫做“波罗蜜”？这是印度语，在我们这儿就叫“到彼岸”，解释出来就是离开生、离开灭，脱离生灭苦海。如果总是追求尘世间的事物，就会随尘世而生灭起伏，就像风一来水面就有波浪一样，无法渡达彼岸，这种有生有灭的境地就叫此岸。如果对尘世间的一切事物都能远离，不去执著地追求，就会像平静而畅通的流水一样，从生灭苦海中挣脱出来，这种脱离生灭苦海的境地，就叫彼岸，所以叫“波罗蜜”。

善知识！执迷的人只知口里念诵，念诵时，心里却有妄念和不正当的念头。如果能念念都依照般若智慧而行，不做愚痴事，这就是依照自己的真性去修行。能明白这种道理，就是修行般若智慧的法门。能按照这样去做，就是修般若行。如果不修般若行，那就是凡夫；如果修般若行，断欲去爱，自身就和佛一样。

【原文】

善知识！凡夫即佛，烦恼即菩提。前念迷即凡夫，后念悟即佛。前念著境即烦恼，后念离境即菩提。

【译文】

善知识！凡夫就是佛，佛也是凡夫修成的。烦恼就是菩提，如果没有烦恼，也就没有菩提。你的前一个念头愚痴，你就是凡夫；你的后一个念头智慧了悟，你就是佛。你的前一个念头执迷于尘世，就是烦恼；你的后一个念头能离脱尘世，就是菩提。

【原文】

善知识！摩诃般若波罗蜜，最尊、最上、最第一，无住无往亦无来，三世诸佛从中出。当用大智慧，打破五蕴烦恼尘劳，如此修行，定成佛道，变三毒为戒定慧。

【译文】

善知识！你们自性里都有无量的智慧，摩诃般若波罗蜜这种法，是你自性本具的，这种法是最尊贵、最高尚、也是第一位的智慧。自性般若智慧是没有现在、没有过去、也没有将来。过去、现在、未来的一切诸佛都是通过修行它而成就的啊。应该用你的大智慧，明心见性，打破色、受、想、行、识五蕴以及一切烦恼、尘劳，你如果能这样修行，必定可成佛道，能将贪婪、嗔恚、愚痴“三毒”变为戒行、禅定、智慧。

【原文】

善知识！我此法门，从一般若生八万四千智慧。何以故？为世人有八万四千尘劳。若无尘劳，智慧常现，不离自性。悟此法者，即是无念。无忆无著，不起诳妄。用自真如性，以智慧观照，于一切法，不取不舍，即是见性成佛道。

【译文】

善知识！我这个法门，从一种般若智慧而生出无量无边的般若智慧。为什么要有无量无边的般若智慧呢？因为世人有无量无边的尘世烦恼。如果能脱离尘世的烦恼，那么般若智慧就会恒常显现，一刻也不离自己的自性。你要明白这种道理，就是要没有妄念。无所回忆于过去，也不执著于尘世，也就没有一切诳妄了。用你自己的真如自性，以智慧来观照一切法，不用识心、分别心来观察，不取不舍，这就是见性成佛道。

【原文】

善知识！若欲入甚深法界及般若三昧者，须修般若行，持诵《金刚般若经》，即得见性。当知此经，功德无量无边。经中分明赞叹，莫能具说。此法门是最上乘，为大智人说，为上根人说。小根小智人闻，心生不信。何以故？譬如天龙下雨于阎浮提，城邑聚落，悉皆漂流，如漂草叶。若雨大海，不增不减。若大乘人，若最上乘人，闻说《金刚经》，心开悟解。故知本性自有般若之智，自用智能常观照，故不假文字。譬如雨水，不从天有，元是龙能兴致，令一切众生、一切草木、有情无情，悉皆蒙润。百川众流，却入大海，合为一体。众生本性般若之智，亦复如是。

【译文】

善知识！如果你想深入经藏，得到佛法的滋润和般若智慧，就应修行般若行，修持念诵《金刚般若波罗蜜经》，就可以明见自性。你们应当知道，这本《金刚经》的功德是没有数量和边际的。在经中赞叹《金刚经》的殊胜功德也是很清楚的，我这里就不一一细说了。《金刚经》是最上乘的佛法，是为具有大智慧的人说的，是为具有上乘根性的人说的。善根浅薄、只有小智慧的人听了此经，心里总是不会相信。就像天龙在人间居住的娑婆世界降雨，因为雨水多，城廓村落都浸在大水里随波漂流，就像草叶漂流一样。如果雨水落在大海里，却是不增不减，这就如同修习大乘佛法的人，他一听闻此《金刚经》，就能悟出佛法真谛，知道自己本性中就具足般若智慧，且他常用自己的智慧观照世间万物，故不一定要认识很多字，才能认识般若智慧。譬如雨水，不是从天上有

的，而是龙王兴云降雨，使一切众生、一切草木、一切有意识和无意识的物体，都受到雨水的滋润，一切小川溪流均流入大海而合成一体。世间众生本性中的般若智慧，也就像天雨下到大海一样。无论下多少雨，每个人自己的本性智慧，总是不增不减的。

【原文】

善知识！小根之人，闻此顿教，犹如草木，根性小者，若被大雨，悉皆自倒，不能增长。小根之人，亦复如是。元有般若之智，与大智人更无差别；因何闻法，不自开悟？缘邪见障重，烦恼根深，犹如大云覆盖于日，不得风吹，日光不现。般若之智，亦无大小，为一切众生自心迷悟不同。迷心外见，修行觅佛，未悟自性，即是小根。若开悟顿教，不能外修，但于自心，常起正见，烦恼尘劳，常不能染，即是见性。

【译文】

善知识！善根浅薄的人，听闻这种以心印心、见性成佛的顿教法门，就像根性小的草和花木，如果遇到大雨，全部都自己倒了下来，不能继续生长。善根浅薄的人也就像这情形一样。每个人本来具有的般若智慧，愚痴人和大智人是没有区别的。那为什么小根小智的人听闻佛法而不开悟呢？就因他邪见无明深重，不生信心，障碍了佛道。就像太阳被乌云遮盖，没有风来吹开乌云，阳光就不会显现。般若智慧也没有大小的分别，只是因为世间众生内心执迷与了悟的程度不一样，而有区别。执迷的人，心外求法，向外驰求，想通过修行向外觅求佛道，而没有明白自性即佛，本具自性佛，这就是小根的人。如果能听闻以心印心的顿教，即刻开悟，不执著，不向外驰求，自性自悟，自己明白自性的般若，在自己心里常起正知正见，世间的一切烦恼和尘劳，都不能沾染自心，这就是明心见性。

【原文】

善知识！内外不住，去来自由，能除执心，通达无碍。能修此行，与《般若经》本无差别。

【译文】

善知识！修般若行，就要不住内、不住外，内无身心，外无世界，这样就能生死往来自由，你能去除执著心，就可通达无碍，无所障碍了。能够这样修行，就与《般若经》的经义没有什么区别了。

【原文】

善知识！一切修多罗及诸文字，大小二乘十二部经，皆因人置，因智慧性，方能建立。若无世人，一切万法，本自不有。故知万法，本自人兴。一切经书，因人说有。缘其人中有愚有智。愚为小人，智为大人。愚者问于智人，智者与愚人说法。愚人忽然悟解心开，即与智人无别。

【译文】

善知识！一切经典和文字，大乘和小乘的佛法以及佛教的一切经书，都是应众生的需要而施设的。是因为众生有智慧的自性，才能建立这一切的佛法。如果没有世间众生，一切佛法，也就根本不会产生了。所以知道一切佛法，都是因应世人的需要而产生的。所有一切经书，都是为人说的。因为人中有愚痴的和有智慧的。愚痴的人，就像小孩子一样；有智慧的人就像大人一样。愚痴的人有不懂的事一定要问有智慧的人，有智慧的人就给愚痴的人解说缘由。当愚痴的人忽然间悟解心开，明白这一切的事，那就和有智慧的人没有什么区别了。

【原文】

善知识！不悟即佛是众生，一念悟时，众生是佛。故知万法，尽在自心，何不从自心中，顿见真如本性？《菩萨戒经》云：“我本元自性清净，若识自心见性，皆成佛道。”《净名经》云：“实时豁然，还得本心。”

【译文】

善知识，如果不了悟，即使是佛，也和众生无异。如果一念之间，豁然开悟，众生也就是佛了。所以才知道万法原是从自心中生出来的，为什么不在自己心里修行，立刻见到真如自性呢？《菩萨戒经》上说：“本来自性是清净没有染污的，你如果能知道自己的心而见到自己的本性，就可以成佛。”《净名经》上说：“忽然间豁达开悟，识自本心，便识得本来面目了。”

【原文】

善知识！我于忍和尚处，一闻言下便悟，

顿见真如本性。是以将此教法流行,令学道者顿悟菩提,各自观心,自见本性。若自不悟,须觅大善知识,解最上乘法者,直示正路。是善知识,有大因缘,所谓化导,令得见性。一切善法,因善知识能发起故。三世诸佛,十二部经,在人性中本自具有,不能自悟,须求善知识指示方见。

若自悟者,不假外求。若一向执谓须他善知识,方得解脱者,无有是处。何以故?自心内有知识自悟,若起邪迷妄念颠倒,外善知识虽有教授,救不可得。若起正真般若观照,一刹那间妄念俱灭,若识自性,一悟即至佛地。

【译文】

善知识!我从五祖弘忍大师那里,一听到顿悟法门,就实时开悟,马上认识并体悟到了自身本有的真如本性。因此我才将这顿教法门流传广布,令所有学道者顿悟菩提,各自观照本心,觉悟本心,见自本性。你如果自己不能开悟,就须寻访明眼的大善知识,能够解释最上乘佛法的人,给你指示正路。这种明眼善知识,与佛法有大因缘,能化导一切众生,使其明自本性,见自本心。所有一切成佛的善法,也是由明眼善知识的启示、发扬而产生的。过去、现在、未来一切诸佛,和佛教的一切经典,在人的自性中本来都具足,不是向外求来的。可是你如果自己不能开悟,就要访求善知识指示你本来清净自性的妙体,这样你才能见到自己的本性。

如果能自己明白,就不必假借而向外驰求。如果以前一向执著于仰仗外边明眼善知识的指示才能得到解脱，这是不对的。什么缘故呢？因为自性里有真正的善知识，这也是你真正的智慧，能自己明白。你如果自己心中被邪迷妄见和颠倒的念头迷惑，虽有良师善友教化你，你也难以解脱，终归是无药可救。如果你在自性里生出真实的般若智慧，用般若的智慧剑斩断一切的邪迷妄念，那么刹那间，所有的妄念都会消灭，如果你认识到自己真实的本性，那么当下也就到了佛的境界。

【原文】

善知识！智慧观照，内外明彻，识自本心。若识本心，即本解脱。若得解脱，即是般若三昧，即是无念。何名无念？若见一切法，心不染著，是为无念。用即遍一切处，亦不著一切处。但净本心，使六识出六门，于六尘中，无染无杂，来去自由，通用无滞，即是般若三昧，自在解脱，名无念行。若百物不思，当令念绝，即是法缚，即名边见。

【译文】

善知识！你用本有的智慧观照世间万物，就能内无身心，外无世界，明了清澈，认识到自己的本心。如果能认识到自己的本心，就得到了解脱。如果得到解脱，就是得到了戒、定、慧的般若三昧，也就是无念。什么叫无念呢？如果看到一切佛法，都不执迷染著，这就是无念了。用这种态度来对待一切事物，又不被外间的一切事物所沾染，就是无念。使自己的本心清静洁净，使眼、耳、鼻、舌、身、意六识只出自眼门、耳门、鼻门、舌门、身门、意门，而心里无所染著，在色、声、香、味、触、法六尘中，既不脱离，也不受其沾染。这样就来去自由，不受任何滞碍，这就是自在解脱，又叫无念行。如果把无念解释为坐在此处，什么也不想，甚至把一切的念头都断掉，这样不但不能得到解脱，反被法绑住，这就堕入“边见”，不是中道了。

【原文】

善知识！悟无念法者，万法尽通。悟无念法者，见诸佛境界。悟无念法者，至佛地位。

【译文】

善知识！能明白无念法门的人，对于所有一切佛法都明白了。能明白无念法门的人，就可以见到诸佛的境界。能明白无念法门的人，就可到佛的地位。

【原文】

善知识！后代得吾法者，将此顿教法门，于同见同行，发愿受持，如事佛教，终身而不退者，定入圣位。然须传授从上以来默传分付，不得匿其正法。若不同见同行，在别法中，不得传付。损彼前人，究竟无益。恐愚人不解，谤此法门，百劫千生，断佛种性。

【译文】

善知识！以后得到我所传佛法的人，如果能将这顿教法门，与同样见地、追求同一真理大道的同行人，互相发愿来受持佛法，就像供养十方佛那样诚心，能终身不退转，那一定会成圣果的。然而必定要将从祖师以来历代默默相传的心印法门传给后世，不可以将正法藏起来不传。假如对见解不同、修行不同者，或者是外道，就不可传此心印法门。因为这会损辱历代先师，对他们自己也没有好处，因为怕愚人不明白这微妙无上的真道，而诽谤这顿教法门，则百千万劫丛生，断绝了他们成佛的种性。

【原文】

善知识！吾有一《无相颂》，各须诵取。在家出家，但依此修。若不自修，惟记吾言，亦无有益。

听吾颂曰：

说通及心通，如日处虚空。唯传见性法，出世破邪宗。

法即无顿渐，迷悟有迟疾。只此见性门，愚人不可悉。

说即虽万般，合理还归一。烦恼暗宅中，

常须生慧日。

邪来烦恼至，正来烦恼除。邪正俱不用，清净至无余。

菩提本自性，起心即是妄。净心在妄中，但正无三障。

世人若修道，一切尽不妨。常自见己过，与道即相当。

色类自有道，各不相妨恼。离道别觅道，终身不见道。

波波度一生，到头还自懊。欲得见真道，行正即是道。

自若无道心，暗行不见道。若真修道人，不见世间过。

若见他人非，自非却是左。他非我不非，我非自有过。

但自却非心，打除烦恼破。憎爱不关心，长伸两脚卧。

欲拟化他人，自须有方便。勿令彼有疑，即是自性现。

佛法在世间，不离世间觉。离世觅菩提，恰如求兔角。

正见名出世，邪见是世间。邪正尽打却，菩提性宛然。

此颂是顿教，亦名大法船。迷闻经累劫，悟则刹那间。

【译文】

善知识，我有一首《无相颂》，你们大家都应该念诵，无论是在家人、出家人都可依这偈颂去修行。如果不自己去实行，躬行实践，脚踏实地去修行，只记得我所说的偈颂，那是没有用的。

请听好我的偈颂：你明白讲经说法，也明白参禅修道，这种境界，就像太阳在虚空一样，无所著住，而光明遍照。我所传的法门，就是要你能明心见性。这种法门是专讲出世的道理，而破除外道的宗旨。本来佛法也没有顿悟和渐修的分别，可是对迷茫的人就要教他渐修的法门，对智慧的人就可教他顿悟的法门。愚痴人不要对他讲，他是不能明白的，即使你为他讲，他也不会相信的。道理讲起来有千般万般，如果合到根本就是明心见性这一个道理。烦恼就像在黑暗的屋子里一样，你要照起智慧的阳光，就能去除黑暗。淫欲心来了，烦恼自然就生出。般若智慧来了，就能破除无明，烦恼就除去了。当邪心和正心都超脱了的时候，这就进入了清净无余的涅槃境界。菩提觉性莫向外寻，因为般若智慧自性本具。你一起心动念，就是妄念。清净本心就在妄念之中，就像冰里含水，但常修行正法，就会离开业障、报障和烦恼障。世间众生如果想要修道的话，什么法门都可以成就道业，能自己回光返照，经常看到自己的过失，就与道相应，而不违背佛道了。各类众生都有自己的菩提之

道彼此之间并不互相妨碍。如果离开自己的本性之道而想要外求，另外去找个什么“道”，那你始终也找不到“道”。你辛辛苦苦一辈子，到老来却暗自后悔。如果想要见到真正的道，自己能够修行正当，不存邪见，这就是“道”了。你如果自己没有道心，不修道，尽做些黑暗见不得人的事，那就不可能见到道。如果是真正的修道人，就不会执著于世间的是非对错。如果只看到他人有过错，那你自己也就错了。他错了你不要错，你不要见他的错，而要存大慈大悲的心，怜悯众生而发愿度之成佛。如果将自己不对的心思去除，那么烦恼就没有了。能够摆脱爱憎的世间情欲，就能无拘无束，无障无碍，远离颠倒，而得涅槃。你要是想教化众生，自己就需要有方便法门，对什么众生就要说什么法，而不执著，不要令众生听法后生出疑惑心，这就可以使他们顿见自性。佛法也就是世间法，离不开世间一切的般若智慧。如果离开世间去找菩提真性，这就好像要兔子生出犄角一样，到何处去找呢？正见就是觉悟你的淫欲心，应该把它断了；邪见就是认为可随顺欲念令其发展。当邪正都扫除净尽，此时菩提真性就会宛然现前。我现在所说的偈颂是顿悟的法门，是成佛的法门，这一段偈颂亦可名为大法船。它能运载一切众生，从生死的此岸经烦恼中流而到涅槃的彼岸。你如果迷惑不解，那要经很长的时间才能开悟；但如果你能顿悟，将所有欲念都放下，那么，刹那间就开悟而自见本性了。

【原文】

师复曰：“今于大梵寺说此顿教，普愿法界众生言下见性成佛。”时韦使君与官僚道俗，闻师所说，无不省悟。一时作礼，皆叹：“善哉！何期岭南，有佛出世！”

【译文】

六祖惠能大师又说:“我现在在大梵寺里讲说顿教的法门,我也愿法界众生听了以后都能见性成佛。”当时韦刺史和官僚、僧俗人等,听闻六祖惠能大师所说佛法后,没有不理解开悟的。大家恭敬地向惠能大师顶礼谢法,欢喜赞叹说:“太好了!真想不到在这岭南蛮荒之地,竟有生佛出世!”

疑问品第三

【原文】

一日,韦刺史为师设大会斋。斋讫,刺史请师升座。同官僚士庶肃容再拜,问曰:“弟子闻和尚说法,实不可思议。今有少疑,愿大慈悲特为解说。”

师曰:“有疑即问,吾当为说。”

韦公曰:“和尚所说,可不是达摩大师宗

旨乎？”

师曰：“是。”

公曰：“弟子闻，达摩初化梁武帝。帝问云：‘朕一生造寺度僧，布施设斋，有何功德？’达摩言：‘实无功德。’弟子未达此理，愿和尚为说。”

【译文】

有一天，韦刺史为六祖惠能大师设大会斋，邀请所有的和尚、居士、学者、官僚和一般信徒来吃斋。斋毕，韦刺史恭敬地请六祖大师升法座。他与其他僚属、儒士和平民百姓一起整肃仪容，郑重其事地问六祖大师：“弟子听闻和尚说法，真是不可思议。现在我心中有些小疑问，请大师大发慈悲，为我解说。”

六祖大师说：“好啊！你有什么疑难的问题可即询问，我定为你解说。”

韦刺史问：“和尚您所说的法，是不是和达摩大师所说的道理一样呢？”

大师答道：“是啊！”

韦刺史说：“弟子听闻达摩祖师最初从广州到南京，度化梁武帝时，武帝问：‘我一生兴建寺庙，度很多和尚出家，又以国财布施穷人，供僧打斋供众，我有什么功德？’达摩祖师说：‘实实在在没有功德。’弟子不明白这道理，乞请上人为我解说。”

【原文】

师曰：“实无功德，勿疑先圣之言。武帝心邪，不知正法。造寺度僧，布施设斋，名为求福，不可将福便为功德。功德在法身中，不在修福。”

师又曰：“见性是功，平等是德。念念无滞，常见本性，真实妙用，名为功德。内心谦下是功，外行于礼是德。自性建立万法是功，心体离念是德。不离自性是功，应用无染是德。若觅功德法身，但依此作，是真功德。若修功德之人，心即不轻，常行普敬。心常轻人，吾我不断，即自无功。自性虚妄不实，即自无德。为吾我自大，常轻一切故。善知识！念念无间是功，心行平直是德。自修性是功，自修身是德。善知识！功德须自性内见，不是布施供养之所求也，是以福德与功德别。武帝不识真理，非我祖师有过。”

【译文】

六祖大师答说：“实实在在没有功德，你不要怀疑祖师所说的话。武帝心术不正，只知沽名钓誉，他不知有正法。所谓造寺度僧、布施设斋，这是种福田，不可以将福说成是功德。功德是属于法身这方面的，修福并不是功德。”

六祖大师又说：“什么是功呢？见你本来的自性就是功；平等对待一切众生，大公无私就是德。你如果能念念不滞塞、不执著，那么就能常见本性。这也就是真实的妙用，这就是功德。你内心里头谦恭不自满，这就是功；对待外人外物彬彬有礼，这就是德。一切万法都是由自性建立的，这就是功；你自己本心离开妄念邪念，这就是德。

你常回光返照，见自性常生般若智慧，这就是功；你用般若智慧应用于无方，且无所染著，不做不清净的事，这便是德。假使你想建立功德法身，就要依我所说的道理去做，这才是真功德。若想修功德的人，心里要不轻慢人，应普遍恭敬一切众生。心若常轻慢人，将自己看得很大，对自己总是放不下，那就没有功了。自性被无明妄见蒙蔽而虚妄不实，那就没有德了。这是因为把自己看得太大，轻视一切的缘故。善知识，什么是功呢？你念念存着正念且不间断，念念修行不停止，久而久之就有功了；你心里能常行平等率直，而没有一切委曲相，这就是德。你自己修自己的自性，这就是功；注意自我修身，不做坏事，这就是德。善知识，功德是从你自己本身去找，而非向外驰求，不是布施供养三宝便说你有功德了。那没有功德，而只有福。所以福德和功德是有分别的。梁武帝不懂真正的道理，而非我达摩祖师不讲道理说实无功德。”

【原文】

刺史又问曰：“弟子常见僧俗念阿弥陀佛，愿生西方。请和尚说，得生彼否？愿为破疑。”

师言：“使君善听，惠能与说。世尊在舍卫

城中，说西方引化，经文分明，去此不远。若论相说里数，有十万八千，即身中十恶八邪，便是说远。说远为其下根，说近为其上智。人有两种，法无两般。迷悟有殊，见有迟疾。迷人念佛，求生于彼。悟人自净其心。所以佛言：'随其心净，即佛土净。'"

【译文】

刺史韦璩又道："弟子常见出家人和老百姓口念阿弥陀佛，他们都发愿要生到西方极乐世界。现请大和尚说一说，能否生到西方极乐世界呢？我愿大和尚为我破此疑惑。"

六祖大师说："韦使君请听好，惠能为你说明白。佛祖在舍卫国讲经，引度教化众生而生到西方极乐世界，经文说得很明白，说极乐世界去此不远。若照有形相里数说有十万八千里；若往自性上说就是十恶八邪，十恶八邪就是十万八千里路。说西方极乐世界远是为普通下根的人说的，说十恶八邪离我们自性不远，这是为有智慧人说的。人有两种，有智慧的人和愚痴的人，可是佛法没有两种。执迷与开悟是不同的，对佛法的见解也有迟有速。执迷的人念佛求生西方极乐世界，而开悟的人知道自心清净那就是极乐世界。所以佛祖说：'只要能够自心清净，那也就到达了佛土的清净。'"

【原文】

"使君，东方人，但心净即无罪；虽西方人，心不净亦有愆。东方人造罪，念佛求生西方；西方人造罪，念佛求生何国？"

【译文】

“韦使君，东方国土的人，只要心里清净，没有一切的邪念，这就无罪；而即使是西方极乐世界的人，如果他心里不净，那也是有罪的。东方国土的人造了罪孽，念佛求生到西方极乐世界；那西方极乐世界的人造了罪孽，他们又要念佛求生到哪个国土呢？”

【原文】

“凡愚不了自性，不识身中净土，愿东愿西；悟人在处一般。所以佛言：‘随所住处恒安乐。’使君，心地但无不善，西方去此不遥；若怀不善之心，念佛往生难到。今劝善知识，先除十恶，即行十万；后除八邪，乃过八千。念念见性，常行平直，到如弹指，便睹弥陀。”

【译文】

“凡夫俗子不知修自性，不知自己先自净其心就是净土，于是发愿要生东方，要生西方。而开悟的人知道无论在何处都是一样的，在什么地方也没有分别。所以佛祖常说：‘无论在什么地方都能恒常保持安详平和的心态。’韦使君，如果心地没有不善的地方，那西方极乐世界离此不远；你要是尽怀不善之心，常做不善的事，就是

天天念佛想往生也是到不了的。现在我劝各位善知识,要先去除十恶不做,这就是行十万里路;再除八邪,这就是过了八千里路。你如果念念见自本性,常行事公平正直,那么,到西方极乐世界就如一弹指短的时间,便会看到阿弥陀佛。”

【原文】

“使君,但行十善,何须更愿往生?不断十恶之心,何佛即来迎请?若悟无生顿法,见西方只在刹那。不悟念佛求生,路遥如何得达?惠能与诸人移西方于刹那间,目前便见,各愿见否?”

众皆顶礼云:“若此处见,何须更愿往生?愿和尚慈悲,便现西方,普令得见。”

【译文】

“使君!你如果常做十善之事,那又何必再有往生西方极乐的念头?你若不断绝十恶的心,则你浑身都是罪业,又会有哪个佛来迎你到达西方极乐呢?你如果明白了自性无生的顿教法门,那你就会很快看到西方极乐世界。你如果不悟自心,不做善事,而是光念南无阿弥陀佛,求生西方极乐世界,那路程遥远,又怎么能够到达呢?我惠能可以在刹那间,将西方极乐世界移到这个地方来,使每个人都能见到,你们愿不愿见呢?”

大家都叩头顶礼说:“如果在此处可见,那我们何必发愿往生西方极乐世界呢?我们现在请和尚您大发慈悲,使西方极乐世界显现出来,给我们大家看一看。”

【原文】

师言:“大众,世人自色身是城,眼耳鼻舌是门。外有五门,内有意门。心是地,性是王。王居心地上,性在王在,性去王无。性在身心存,性去身心去。佛向性中作,莫向身外求。自性迷即是众生,自性觉即是佛。慈悲即是观音,喜舍名为势至,能净即释迦,平直即弥陀。人我是须弥,贪欲是海水,烦恼是波浪,毒害是恶龙,虚妄是鬼神,尘劳是鱼鳖,贪瞋是地狱,愚痴是畜生。”

【译文】

六祖大师说:“各位,世人自己的肉身就好比一座城堡,眼、耳、鼻、舌就好比是城门。在身外有五座城门,在身内又有一座意门。人心就譬如大地,自性就是国王。自性这个国王居住在人心这片大地上,自性在,就好像有国王主宰;自性不在,就好比无人主宰的大地。当自性在身上时,身心也就存在;如果自性离去了,身心也就不在了。要知佛是向自性里修,自心是佛,而莫向身外驰求。你迷失了自性,就是众生。如果自性觉悟,断恶修善,就是佛。你如果能行慈悲法、存慈悲心,就是观音菩萨了;你如果欢喜布施,就是大势至菩萨了;你如果能自净其心,见真明觉性,就是释迦牟尼佛了;你如果能公平正直,没有一点偏私,对任何人都是大慈平等,就是阿弥陀佛了。反过来说,以自我为实有,只看到自我,那错误就如同须弥山一样高大;邪心妄念带来的愚昧无知就如大海的水一样无边无际;贪念引起的烦恼就如波浪一样永无宁日;毒害之心就如大海中的恶龙一样凶狠;虚妄的念头就如同障碍身心的鬼神；对尘世迷恋劳碌，那就如同鱼鳖一样整日随波逐流，穿梭无定；心中有贪、瞋、痴三毒，那就如同身处地狱；愚昧无知，那就好比畜生一样，一生又有何意义？”

【原文】

“善知识！常行十善，天堂便至。除人我，须弥倒。去邪心，海水竭。烦恼无，波浪灭。毒害除，鱼龙绝。自心地上觉性如来，放大光明，外照六门清净，能破六欲诸天。自性内照，三毒即除，地狱等罪，一时消灭，内外明彻，不异西方。不作此修，如何到彼？”

大众闻说，了然见性，悉皆礼拜，俱叹：“善哉！”唱言：“普愿法界众生，闻者一时悟解。”

【译文】

“各位善知识，你如果能常行十善，那天堂马上便会到来。去除了人见我见，那须弥山也会崩倒。去除了邪知邪见之心，那海水也会干涸。去除尘世烦恼，波浪也就消灭了。去除了毒害心，那恶龙也就绝迹了。能够从自己心里认识觉性如来，就能放大光明，生大智慧，就能够眼、耳、鼻、舌、身、意六根清净，就能摧破六欲诸天的业果。自性回光返照，自我反思，那贪、瞋、痴三毒马

上就能除去；难忍的地狱之苦，也能马上消灭。这时心境内外，都是光明澄澈，那就和西方极乐世界没有任何区别。你如果不这样修行，怎能到达彼岸呢？”

大众听六祖大师这样一说，都明了地见到了自己的自性，一起叩头顶礼，赞叹地说：“真是太好了！”大家都说：“我们普愿法界众生，听到了这个法门的，能马上开悟证果。”

【原文】

师言：“善知识！若欲修行，在家亦得，不由在寺。在家能行，如东方人心善；在寺不修，如西方人心恶。但心清净，即是自性西方。”

韦公又问：“在家如何修行？愿为教授。”

师言：“吾与大众说《无相颂》，但依此修，常与吾同处无别。若不依此修，剃发出家，于道何益？”

【译文】

六祖大师又说：“各位善知识，你们如果想修行，在家也可以，不一定要在寺里。在家人能修行，就如同东方国度的人有善心；出家而不修行，就如西方极乐世界的人有恶心。你如果能自净其心，那就到达自性的如来净土了。”

韦刺史又问：“在家人怎样修行呢？我希望和尚您教授我们。”

大师说：“我现在和你们大家说一说《无相颂》，你们就此方法去修行，那就和我常常住在一起没有区别。假如你不照这偈颂去修行，即使出家剃去须发，那对追求佛理又有什么益处呢？”

【原文】

颂曰：

心平何劳持戒，行宜何用修禅。

恩则孝养父母，义则上下相怜，

让则尊卑和睦，忍则众恶无喧。

若能钻木出火，淤泥定生红莲。

苦口的是良药，逆耳必是忠言。

改过必生智慧，护短心内非贤。

日用常行饶益，成道非由施钱。

菩提只向心觅，何劳向外求玄？

听说依此修行，天堂只在目前。

【译文】

偈颂说："能心持平等，没有无明，那又何必辛辛苦苦持守戒律呢？能行为公平正直，这就是禅，那又何必再去修什么禅？谈到报恩就要孝养父母，知义守义，就要如父母爱子女，对一切众生慈悲怜悯；互相谦让就会尊卑和睦，把尊卑看得很平等；能忍住不在背后说人的坏话，隐恶扬善，那就会一切平和安宁。如果能像钻木取火一样持之以恒，那么即使是如同淤泥的妄心也能修成红莲花般纯洁明净的本心。若有人来劝导你，指出你的错处，这就是你的善知识。就像你有疾病，所吃的药虽非常苦，但对你的病却是有所助益的。你如果能听到别人的逆言而改过，就一定能心生智慧；你如果一味护短，有了毛病，总怕人说，那么心地一定不会好。日常所行所做要常想着饶益众生，对人有所助益，要知修身成佛不是布施多少就能换回的。菩提觉性要向自己内心去找，你怎可向外去找什么玄妙呢？你如果听我的话，依照这样修行，那天堂就近在眼前。”

【原文】

师复曰：“善知识！总须依偈修行，见取自性，直成佛道。法不相待，众人且散，吾归曹溪。众若有疑，却来相问。”

时刺史官僚，在会善男信女，各得开悟，信受奉行。

【译文】

六祖大师又说：“各位善知识，你们切记切记，定要依偈来修行，各人要识自本心，见自本性，能明心见性，才能直达佛道。修行佛法不容延缓，你们大家现在各自回家自己用功修行去吧。我现在回曹溪南华寺，你们大家如果还有什么疑问，可以来询问。”

这时韦刺史和属僚以及在法会现场的善男信女，个个都马上开悟，对六祖大师宣讲的顿教法门深信不疑，并照着它去修行。

定慧品第四

【原文】

师示众云："善知识！我此法门，以定慧为本。大众勿迷言定慧别，定慧一体不是二。定是慧体，慧是定用。即慧之时定在慧，即定之时慧在定。若识此义，即是定慧等学。

"诸学道人，莫言先定发慧、先慧发定各别。作此见者，法有二相。口说善语，心中不善。空有定慧，定慧不等。若心口俱善，内外一如，定慧即等。自悟修行，不在于诤。若诤先后，即同迷人。不断胜负，却增我法，不离四相。

"善知识！定慧犹如何等？犹如灯光。有灯即光，无灯即暗。灯是光之体，光是灯之用。名虽有二，体本同一。此定慧法，亦复如是。"

【译文】

六祖大师开示一切众生说："各位善知识，我这个顿教法门，是以禅定智慧为根本和基础的。你们各位，不要执迷不信，不要执著说禅定与智慧是分别为二的。要知道，禅定与智慧是一体，禅定就是智慧，智慧就是禅定，虽有两个名相，但它本体是一个而不是两个。怎样讲呢？禅定是智慧的本体，而智慧是禅定的运用。在智慧出现之时，禅定就在智慧里包含着。在禅定之时，智慧也就在禅定里出现。所以若能认识这个道理，就明白了定慧一体，定慧平等的道理。

“各位修道的人，不要说先要有禅定才发出智慧，或是先要有智慧才能禅定，而说禅定与智慧有所区别。内心如果存此种见解，就会以为禅定与智慧是不同的。如果嘴里尽说好话，但却心存不善，像这样谈禅定与智慧，只是空谈。如果内心和口里所说的都是善，表里一致，心口如一，这就是禅定与智慧均等。要自己体悟然后自己去修行，而不是在口头上争论。如果执迷于争论禅定与智慧孰先孰后，就是愚痴的凡夫。如果胜负之心没有断，就会还存着我执和法执，就不能离开四相。

“善知识，定慧好像什么样子呢？现举一比喻：禅定智慧就好像灯光。有灯就有光，没有灯就没有光。灯是光的本体，而光是灯的用途。名字虽然有两个，但它的本体则是一个，禅定智慧这种佛法也和灯光是同样的道理。”

【原文】

师示众云：“善知识！一行三昧者，于一切处行住坐卧，常行一直心是也。《净名经》云：‘直心是道场，直心是净土。’莫心行谄曲，口但说直，口说一行三昧，不行直心。但行直心，于一切法，勿有执著。迷人著法相，执一行三昧，直言常坐不动，妄不起心，即是一行三昧。作此解者，即同无情，却是障道因缘。

“善知识！道须通流，何以却滞？心不住法，道即通流。心若住法，名为自缚。若言常坐不动，是只如舍利弗宴坐林中，却被维摩诘诃。

"善知识！又有人教坐，看心观静，不动不起，从此置功。迷人不会，便执成颠，如此者众。如是相教，故知大错。"

【译文】

六祖大师对大众说："善知识，所谓一行三昧，就是在任何地方、任何时间，无论行住坐卧，都要保持正直真实的心态。就像《净名经》上说的：'正直的心就是佛家道场，正直的心就是西方极乐净土。'切记不要口里说正直，但在行为上却谄媚曲迎。口里说一行三昧，但行为却不正直。你要用直心来处理一切事，对一切佛法都不要生出执著心。愚痴的人著住到法相，生出法执，执著于一行三昧，说什么我常坐着不动，也不妄想，这就是一行三昧了。如果是这样来理解的话，那就和没有知觉的草木一样了，而且是阻碍修道的因缘。

"善知识！道应该通达无碍，川流不息，为什么把它滞塞停止了呢？心无所著住于佛法时，道就可以通达无碍，川流不息。心里如果执著于佛法上，这就如作茧自缚。如果说常坐不动是一行三昧，这就像舍利弗在林中打坐不动，却被维摩居士呵斥他一顿说："你这样坐着有什么用啊？像死人似的，不是真正入定。

"善知识！又有一些人，教人打坐，要他们静坐观自己的心，身体一动不动，心里也不起任何意念，以为这样修行便有功夫了。愚痴的人不懂这个道理，执著地照着这样修行，就成了一种癫狂，像这一类的人多得很呢！像这样辗转传授，其实这是大错特错了。"

【原文】

师示众云："善知识！本来正教，无有顿渐。

人性自有利钝，迷人渐修，悟人顿契。自识本心，自见本性，即无差别，所以立顿渐之假名。

“善知识！我此法门，从上以来，先立无念为宗，无相为体，无住为本。无相者，于相而离相。无念者，于念而无念。无住者，人之本性。于世间善恶好丑，乃至冤之与亲，言语触刺欺争之时，并将为空，不思酬害。念念之中，不思前境。若前念、今念、后念，念念相继不断，名为系缚。于诸法上，念念不住，即无缚也。此是以无住为本。”

【译文】

六祖大师开示大众说：“各位善知识！本来真正的佛教，没有顿法和渐法的区别，不过人的根性有聪明有愚痴。愚痴的人是一点一点渐修而成，而聪明开悟的人是顿断一切的尘劳、妄想。能够自己认识自己的本心，自己见自己的本性，顿与渐也就没有什么分别，不过是假立出一个顿教、渐教的名头而已。

“善知识！我所传的顿教法门，从释迦牟尼佛到现在，是以无念为宗旨，以无相为本体，以无住为基础。无相，就是既在相上，而又离开这个相。无念，就是既在念上，又不著住于念。无住，就是人的本性。在这世间上不论是善、恶、好、丑，乃至于有冤有仇，或有亲戚的关系，或是因言语说话刺激而彼此引起攻击，互相欺骗和争夺，都应该将它们当作‘空’而没有执著，不要想着报答或报复伤害他人。每个心念，都不再去追想过去的事。如果你总是在过去、现在和将来的念头之间纠缠，念念相续，如水波浪，这就是自己用绳子把自己给绑上，而得不到自由。你如果在一切法上，都能念念不执著，这就是没有束缚，就是以无住为基本。”

【原文】

“善知识！外离一切相，名为无相。能离于相，则法体清净。此是以无相为体。

“善知识！于诸境上心不染，曰无念。于自念上，常离诸境，不于境上生心。若只百物不思，念尽除却，一念绝即死，别处受生，是为大错，学道者思之。若不识法意，自错犹可，更劝他人；自迷不见，又谤佛经。所以立无念为宗。

“善知识！云何立无念为宗？只缘口说见性，迷人于境上有念，念上便起邪见。一切尘劳妄想，从此而生。自性本无一法可得，若有所得，妄说祸福，即是尘劳邪见。故此法门，立无念为宗。”

【译文】

“各位善知识！能够离开外界事物的一切色相，这就叫‘无相’。能离开一切色相，你自身的心性之体就能无所染著、清净无瑕，能够这样理解就是以无相为体。

“各位善知识，在任何境地，心里都无所染著，这就叫‘无念’。在自己的清净念上，常能离开一切境地，不在境上生出种种的心念，这就是无念。如果你认为百物都不想，一切念头都除尽，这又错了。想要修道的人，要特别注意思索。假如不识佛法的真义，自己错了犹可，如果还劝其他人跟着你错，那就不可原谅了。你自己愚痴，不能认识自性犹可，如果还反过来诽谤佛经那就大错特错了。正因为如此，所以要立‘无念’作为学佛的宗旨。

“善知识！为什么要立‘无念’为宗旨呢？就因为有一种人，口里说自己见性，自己开悟了，这种愚痴的人，在境界上生出种种的念，在念上又生出种种的邪见，所以一切的尘劳妄想，都由此生出来。其实，自己的清净本源，妙明觉性，本来一个法也没有，它是清净湛圆、本无一物的。如果认为有所得，甚至妄说什么吉凶祸福，那就不过都是尘劳邪见罢了。所以此法门要立‘无念’为宗旨。”

【原文】

“善知识！无者，无何事？念者，念何物？无者，无二相，无诸尘劳之心。念者，念真如本性。真如即是念之体，念即是真如之用。真如自性起念，非眼耳鼻舌能念。真如有性，所以起念。真如若无，眼耳色声，当时即坏。

“善知识！真如自性起念，六根虽有见闻觉知，不染万境，而真性常自在。故经云：‘能善分别诸法相，于第一义而不动。’”

【译文】

“各位善知识，我讲这个‘无’，是无什么呢？这个‘念’，是念什么东西呢？‘无’就是没有相对立的种种差别之相，没有人世间六尘纷扰所引起的种种烦恼。这个‘念’，就是要念自性成佛的真如本性。真如本性就是‘念’的本体，而‘念’就是真如本性的运用。要通过真如本性

起念，观察、把握世间万物，而不是通过眼、耳、鼻、舌等感觉器官来观察、把握世间万物。真如本性有能够认知把握世界的体性，所以能够起念。如果人的真如本性丧失了，那么人的眼也就不能见色，耳也就不能听声了。

“各位善知识！真如自性随缘起念时，眼耳鼻舌身意六种感觉器官虽有见闻觉知，却不被万境所染着，而自身的真如自性永恒地自由自在。所以经上说：‘真如自性能分别诸法相而不著于万境，所以要坚持佛法的至深妙理而不动摇。’”

坐禅品第五

【原文】

师示众云：“此门坐禅，元不著心，亦不著净，亦不是不动。若言著心，心元是妄。知心如幻，故无所著也。若言著净，人性本净，由妄念故，盖覆真如。但无妄想，性自清净。起心著净，却生净妄。妄无处所，著者是妄。净无形相，却立净相，言是工夫，作此见者，障自本性，却被净缚。

“善知识！若修不动者，但见一切人时，不见人之是非、善恶、过患，即是自性不动。

“善知识！迷人身虽不动，开口便说他人是非、长短、好恶，与道违背。若著心著净，即障道也。”

【译文】

六祖大师开示大众说：“坐禅原是不执著于心，也不需要执著于清净，也不是静坐着一动不动。如果著住到心上，专注一心，心本来就是虚妄不实的，正因为心就像梦幻一样虚妄，所以没有什么可以著住的了。如果著住到清净上，人的自性本来就是清净的。如果著住到清净上，因为有妄念的缘故，反而把清净的真如自性遮盖住了。只要你没有妄想，就能还复你清净的真如自性。如果你心想追求清净，这就不是本来清净的本体了，而生出了一个‘净妄’。‘妄’没有什么固定的所在，如果你著住到‘净’上就是‘妄’了。清净本是无形无相的，而你却立出一个清净的形相来，说这就是功夫，有这种见地的人，便是障碍自己的本性，而被清净所束缚。因你已著住到净上，这也是一种执著。

“各位善知识！所谓修不动，是要在看一切人的时候，不要只看他人的是非，分辨他人的善恶，找他人的过错，这才是自性真如不动。

“愚痴的人却只会静坐着一动不动，但一开口就随便谈论他人的是非、长短、好坏，这种行为是与佛道相违背的。如果把坐禅当成了著心、著净，这就成了障碍修道的原因。”

【原文】

师示众云：“善知识！何名坐禅？此法门

中，无障无碍。外于一切善恶境界，心念不起，名为坐。内见自性不动，名为禅。

“善知识！何名禅定？外离相为禅，内不乱为定。外若著相，内心即乱。外若离相，心即不乱。本性自净自定，只为见境、思境即乱。若见诸境，心不乱者，是真定也。

“善知识！外离相即禅，内不乱即定。外禅内定，是为禅定。《菩萨戒经》云：‘我本元自性清净。’善知识！于念念中，自见本性清净，自修自行，自成佛道。”

【译文】

六祖大师开示大众说：“各位善知识！什么叫‘坐禅’呢？在顿教法门里，就是一切无所障碍，自由自在。对外界一切好、坏境界，心念都不被其所动摇，这个就叫‘坐’。你能回光内视，见到自己的自性而不摇不动，这就叫‘禅’。

“各位善知识！什么叫禅定？外不执著于一切世间诸相，这就是‘禅’；内心不乱打妄想，不起杂念，这就是‘定’。如果执著于外界的诸相，那么内心就不可能‘定’了。而如果能脱离一切世间诸相，就能心不动摇，不起妄念。本来人的灵明觉性是自然清净的，自己会生出‘定’来，但就因你执著于世间诸境，回忆种种境界，心就乱了。如果你能见到外边一切境界而心里不乱不摇，这就是真正的‘定’。

“各位善知识！脱离一切外间诸相，这就叫‘禅’；而内心不乱不摇，这就是‘定’。外禅而内定，这就是真正的禅定。《菩萨戒经》上说：‘我本来的自性，原是清净的。’各位善知识！在每一念中，都能自见本性是清净的，自己修行，自然就可成就佛道了。”

忏悔品第六

【原文】

时大师见广韶洎四方士庶，骈集山中听法，于是升座，告众曰：“来诸善知识！此事须从自性中起，于一切时，念念自净其心。自修自行，见自己法身，见自心佛。自度自戒，始得不假到此。既从远来，一会于此，皆共有缘。今可各各胡跪，先为传‘自性五分法身香’，次授‘无相忏悔’。”

众胡跪。

【译文】

这个时候，六祖大师在南华寺看到广州和韶关以及全国各地的学士、百姓，纷纷云集到山中请法，于是就升上法座，开示大众说：“各方来的诸位善知识！修坐禅的心地法门，要从自性中修起。无论在何时，念念都要存正念，莫存邪念，自净其心。此法门要你自己修自己行，自己度脱自己，这样才不辜

负各位千里迢迢来到此山。既然大家都从远方来，聚会在此，我们都是有缘。现在你们每个人都右膝着地，我先传给你们‘自性五分法身香’，然后再授予‘无相忏悔’。”

众人都右膝着地跪倒。

【原文】

师曰：“一戒香，即自心中，无非无恶，无嫉妒，无贪嗔，无劫害，名戒香。二定香，即睹诸善恶境相，自心不乱，名定香。三慧香，自心无碍，常以智慧观照自性，不造诸恶，虽修众善，心不执著，敬上念下，矜恤孤贫，名慧香。四解脱香，即自心无所攀缘，不思善，不思恶，自在无碍，名解脱香。五解脱知见香，自心既无所攀缘善恶，不可沈空守寂，即须广学多闻，识自本心，达诸佛理，和光接物，无我无人，直至菩提，真性不易，名解脱知见香。善知识！此香各自内熏，莫向外觅。”

【译文】

六祖大师说：“第一是戒香。自己心里没有一切的是非，没有一切的善恶，没有嫉妒心，没有贪嗔心，没有劫害他人之心，这就是戒香。第二是定香。观看一切世间的善恶境界，自己心里不动不摇，这就是定香。第三是慧香。自己不要障碍自己的本心，要常用智慧灼破无明，观照自性，人间种种恶事都不做，而是广修众善，并且心不执著，对父母师长上辈，恭恭敬敬，对孤寡贫寒之人，周济怜悯，这就是慧香。

第四是解脱香。没有任何攀缘心，不去追求一切外在诸相，对善与恶都毫不染著，能完全自在而无所障碍，这就是解脱香。第五是解脱知见香。自己本心要不染著于任何善或恶，但也不可以执著到空上而顽守空寂，而是要广泛学习，增长见闻，自己认识自己的本心，通达一切的佛理，友爱谦和地待人处事，没有'人我'等对立的假相，直到证得菩提真性，见到如如不动的真如本性，这就叫做解脱知见香。各位善知识，这五分法身香是在每个人的法身里，所以应该从自己的自性里边熏习，而不要往外驰求。"

【原文】

"今与汝等授'无相忏悔'，灭三世罪，令得三业清净。

"善知识！各随我语，一时道：弟子等，从前念、今念及后念，念念不被愚迷染，从前所有恶业愚迷等罪，悉皆忏悔，愿一时销灭，永不复起。弟子等，从前念、今念及后念，念念不被骄诳染，从前所有恶业骄诳等罪，悉皆忏悔，愿一时销灭，永不复起。弟子等，从前念、今念及后念，念念不被嫉妒染，从前所有恶业嫉妒等罪，悉皆忏悔，愿一时销灭，永不复起。善知识！以上是为'无相忏悔'。"

【译文】

"我现在传授你们'无相忏悔'，消灭你们现在世、过去世和未来世的一切罪过，使你们的身、口、意三业都能清净。

“各位善知识，你们都一起跟着我说：弟子等人，以前的念、现在的念及将来的念，念念都不被愚痴执迷所染，念念都生智慧，从前我因愚痴执迷所造的种种恶业罪过，我要统统悔改，并愿其在一刹那间都消灭无余，从今以后再不造愚痴执迷的罪过了。弟子等人，以前的念、现在的念及将来的念，念念都不被骄狂所染，念念都生智慧，从前我因骄狂所造的种种恶业罪过，我要统统悔改，并愿其在一刹那间都消灭无余，从今以后再不造成骄狂的罪过了。弟子等人，以前的念、现在的念及将来的念，念念都不被自己的嫉妒之心控制，从前我因嫉妒他人所造的种种恶业罪过，我要统统悔改，并愿其在一刹那间都消灭无余，从今以后再不犯嫉妒他人的罪过了。各位善知识，以上所说的就是‘无相忏悔’的法门。”

【原文】

“云何名忏？云何名悔？忏者，忏其前愆。从前所有恶业，愚迷骄诳嫉妒等罪，悉皆尽忏，永不复起，是名为忏。悔者，悔其后过。从今以后，所有恶业，愚迷骄诳嫉妒等罪，今已觉悟，悉皆永断，更不复作，是名为悔。故称忏悔。凡夫愚迷，只知忏其前愆，不知悔其后过。以不悔故，前愆不灭，后过又生。前愆既不灭，后过复又生，何名忏悔？”

【译文】

“什么叫忏呢？什么叫悔呢？‘忏’，就是改过以前的罪业。从前所作的恶业，愚痴执迷、骄傲自大、嫉妒他人，这些罪过，全部都忏悔，并希望永不复起，这就叫‘忏’。‘悔’，就是悔将来所犯的过错，从今天开始，所有的恶业，愚痴执迷、骄傲自大、嫉妒他人，这些罪过，我都已经了悟明白了，并且永远将其割断，再不去做错事了，这就叫‘悔’。总而言之，这就叫忏悔。凡夫因为太愚痴执迷，只知道做错事后才改过，而不知道要改过自新，以后永不再犯。因为他不悔将来之过，所以以前所造的罪也没有灭，而后边的过错又生出来。前罪既没有灭，而后过却继续增加，那就愈造愈多，愈积愈深，这样怎能说是忏悔？”

【原文】

“善知识！既忏悔已，与善知识发四弘誓愿，各须用心正听：‘自心众生无边誓愿度！自心烦恼无边誓愿断！自性法门无尽誓愿学！自性无上佛道誓愿成！’

“善知识！大家岂不道‘众生无边誓愿度’？恁么道，且不是惠能度。

“善知识！心中众生，所谓邪迷心、诳妄心、不善心、嫉妒心、恶毒心，如是等心，尽是众生，各须自性自度，是名真度。

“何名自性自度？即自心中，邪见、烦恼、愚痴众生，将正见度。既有正见，使般若智，打破愚痴、迷妄众生，各各自度。邪来正度、迷来悟度、愚来智度、恶来善度，如是度者，名为真度。”

【译文】

“各位善知识，你们已经知道忏悔后，我再与各位善知识发四弘

誓愿。你们每人要正心诚意地听：‘自己心里头一切有碍度脱生死苦海的众生无边念头，要发愿灭度！自己心里因六根尘缘引起的无边烦恼，要发愿断除！明见自性，度脱生死的法门无边无尽，要发愿学习！无上佛道存在于自性之中，要发愿修成！’

“各位善知识，大家不是都说‘自己心里头一切有碍度脱生死苦海的众生无边念头，要发愿灭度’吗？这不是惠能我来度你们众生，而是你们自性自度。

“各位善知识，我所说的自己心里的众生，就是指执迷于自心的邪迷、狂妄、不善、嫉妒、恶毒等念头的众生，这些心念，都是属于心中的众生，都要自己度脱自己的本性，这才是真正的度脱。

“什么叫自性自度呢？就是自己心中的邪见、烦恼、愚痴的众生，你要用正确的见解教化他们。你有了正确的见解了，就能用般若智慧将心中愚痴、迷妄的众生打掉，自己度脱自己。当自己心中邪恶的众生来了，应用正直的众生度脱它；自己心中执迷的众生来了，就用了悟的众生度脱它；自己心中愚痴的众生来了，就用智慧的众生来度脱它；自己心中恶毒的众生来了，就用善良的众生来度脱它。像这样度脱，才叫真正的度脱啊！”

【原文】

“又，烦恼无边誓愿断，将自性般若智，除却虚妄思想心是也。又，法门无尽誓愿学，须自见性，常行正法，是名真学。又，无上佛道誓愿成，既常能下，心行于真正，离迷离觉，常生般若，除真除妄，即见佛性，即言下佛道成。常念修行，是愿力法。”

【译文】

“另外，无边无尽的无名烦恼，要发愿断除，这就要用自性真正的智慧，除却虚妄的思想，也就是你的邪念，就是断烦恼了。另外，佛法无穷无尽，你要发愿学习，应该识自本心，见自本性，常依正法去行事，这就是真正学佛法。另外，无上佛道存在于自性之中，要发愿修成，这就要恒常地以谦和的态度对待他人，以公平正直之心行事，脱离执迷与觉悟的执著，心中常生般若智慧，除去心中真妄等对立的观念，这样就可以马上看到自性中的佛性，也就可以在见性的当下成就佛的道果。总之，能常常心念于佛法的修行，这就是四弘愿誓的效果。”

【原文】

“善知识！今发四弘愿了，更与善知识授‘无相三归依戒’。善知识：‘归依觉，两足尊；归依正，离欲尊；归依净，众中尊。’从今日起，称觉为师，更不归依邪魔外道。以自性三宝，常自证明。劝善知识，归依自性三宝。佛者，觉也；法者，正也；僧者，净也。自心归依觉，邪迷不生，少欲知足，能离财色，名两足尊。自心归依正，念念无邪见，以无邪见，故即无人我贡高、贪爱、执著，名离欲尊。自心归依净，一切尘劳、爱欲境界，自性皆不染著，名众中尊。”

【译文】

"各位善知识，现在听完四弘誓愿了，我再为你们各位传授'无相三归依戒'。各位善知识：'归依佛的觉性，就福慧具足圆满了，这叫做两足尊；归依真正的佛门正法，就能离开欲念，断欲去爱，这叫离欲尊；归依自己心性的清净福田，不受染污，就能成为众人中最尊贵、最高尚的人，所以叫众中尊。'从今天开始，你们称'觉'做师父，不要再归依于天魔外道，不要再做旁门外道的徒众了。以自性中的佛、法、僧三宝，来印证本心，明心见性。今劝各位善知识，归依自性佛宝、归依自性法宝、归依自性僧宝。佛就是觉，法就是正，僧就是净。你的自心归依'觉'，就不要生邪迷的心，要少欲知足，不贪财、不贪色、不贪名，这就是两足尊——福慧具足。自心归依'正'，念念不要有邪心、邪见。因为没有邪见的缘故，所以没有人我分别、骄横轻慢、贪婪爱欲和执著痴迷了。你能这样，这就是离欲尊——离开一切的欲念。自心归依'净'，那么面对尘世间所有的尘劳和社会上所有的境界，自性都能不被流欲所转，而常保自性清净，这就叫众中尊——众生中最最尊贵者。"

【原文】

"若修此行，是自归依。凡夫不会，从日至夜，受'三归戒'。若言归依佛，佛在何处？若不见佛，凭何所归？言却成妄。

"善知识！各自观察，莫错用心。经文分明言，自归依佛，不言归依他佛。自佛不归，无所依处。今既自悟，各须归依自心三宝。内调心性，外敬他人，是自归依也。"

【译文】

“如果照此去修行，就是自归依的道理。但一般凡夫不明白归依的道理，只知道从早到晚持诵‘三归戒’。假如你说要归依佛，佛在哪个地方？如果你根本没看见佛，你又凭着什么去归依呢？如果你说我看见佛了，那你就是打妄语了。

“各位善知识，你们要自己深入观察自心，不要错用心意。《华严经》上说得很明白，要你归依自己的佛性，不是叫你归依他佛。现在你既然已经自己悟到了这个道理，就要归依自己的自性佛宝、自性法宝、自性僧宝。内要调伏心性、明心了悟，外要对他人谦和恭敬，这就是‘自归依’了。”

【原文】

“善知识！既归依自三宝竟，各各志心，吾与说‘一体三身自性佛’，令汝等见三身，了然自悟自性。总随我道：‘于自色身，归依清净法身佛；于自色身，归依圆满报身佛；于自色身，归依千百亿化身佛。’

“善知识！色身是舍宅，不可言归。向者三身佛在自性中，世人总有。为自心迷，不见内性。外觅三身如来，不见自身中有三身佛。汝等听说，令汝等于自身中，见自性有三身佛，此三身佛，从自性生，不从外得。”

【译文】

“各位善知识！现在你们归依自性三宝后，大家都要诚心正意，我再为你们说‘一体三身自性佛’，令你们能清清楚楚，明明了了，真真实实见三身佛，各人觉悟自己的自性。现在大家都跟着我说：‘在自己的色身中，归依本有的清净法身佛；在自己的色身中，归依本有的圆满报身佛；在自己的色身中，归依本有的千百亿化身佛。’

“各位善知识！色身就像房子，不是叫你归依色身这个形体，而是要归依你的自性。我所说的三身佛，是在你的自性里边，暂时住在你的色身罢了，世间每个人自性中都有。只不过有些人自心迷昧，所以不见本有的自性，而向外找什么清净法身佛、圆满报身佛和千百亿化身佛，而不知道自己自性中本来就有三身佛。现在你们听我讲后，就要知道，在你们自己本有的色身中能见自性的三身佛。要知道这三身佛，是从自性中生出的，而不是从外得来的。”

【原文】

“何名清净法身佛？世人性本清净，万法从自性生。思量一切恶事，即生恶行；思量一切善事，即生善行。如是诸法，在自性中。如

天常清，日月常明，为浮云盖覆，上明下暗。忽遇风吹云散，上下俱明，万象皆现。世人性常浮游，如彼天云。

“善知识！智如日，慧如月，智慧常明。于外著境，被妄念浮云盖覆自性，不得明朗。若遇善知识，闻真正法，自除迷妄，内外明彻，于自性中，万法皆现。见性之人，亦复如是。此名清净法身佛。”

【译文】

“什么叫清净法身佛呢？一切世人，他的自性本来都是清净的，一切万法，都是从自己本性生出。当你想一切恶事的时候，就会有恶的行为现出。如果你心里思量一切善事，就会有善的行为表现出来。所以一切善恶诸法是由你自性中生出来的。这就好比蓝天常是清朗的，日月常是明照的，但因为虚空中有浮云，将太阳光覆盖，所以就上边明朗，下边黑暗。如果忽然遇到一股风，将云吹散，使得上下都明彻，那所有万事万物都会朗然俱现。世人的本性也是经常浮游不定，就像这天上的云彩似的。

“各位善知识，你自性中的智就好比太阳，自性中的慧就好比月亮，自性智慧就如同日月一样长明不熄。不过如果执著于外间的种种境界,那般若智慧就被妄念的浮云覆盖自性,变得愚痴而得不到大智慧。这时假设你遇到明眼善知识,听闻到真正的佛法,而把自己的无明烦恼及迷妄除去,就内外明彻犹如琉璃筒一样,在自性中万法朗然。你能识自本心,见自本性,也就像晴天无云一样。这就叫做清净法身佛了。”

【原文】

“善知识！自心归依,是归依自性,是归依真佛。自归依者,除却自性中不善心、嫉妒心、谄曲心、吾我心、诳妄心、轻人心、慢他心、邪见心、贡高心及一切时中不善之行,常自见已过,不说他人好恶,是自归依。常须下心,普行恭敬,即是见性通达,更无滞碍,是自归依。”

【译文】

“各位善知识,自心归依自性,就是自己回光返照,明见自性,就是归依真佛。自归依,就是要除去自性中的不行善举、嫉妒他人、谄媚曲迎、自私自利、狂妄自大、轻慢他人、邪知邪见、唯我独尊以及其他一切不善的心念和行为。要常回光自视,看到自己的过错,不说他人的是非善恶,能如此就是自归依。要常存谦下的心念,对任何人都要恭敬,这样就是明见自性,通达无碍,也就是自归依。”

【原文】

“何名圆满报身？譬如一灯能除千年暗,一智能灭万年愚。莫思向前,已过不可得；常思于后，念念圆明，自见本性。善恶虽殊，本性无二。无二之性，名为实性。于实性中，不染善恶，此名圆满报身佛。自性起一念恶，灭万劫善因；自性起一念善，得恒沙恶尽。直至无上菩提。念念自见，不失本念，名为报身。”

【译文】

“什么叫圆满报身佛呢？就好比只要有一盏灯，就能破除一千年的黑暗；只要你有智慧，就可灭除一万年的愚痴。你不要迷恋回想过去的事，过去的事情已成为过去，不可能再追得；要常常思虑今后的一切，心中的每个心念都要圆融无碍，光明朗照，这样才能明见自己的本性。人虽有善性、恶性的区别，但从自性上看，却没有什么不同。这种无善无恶的性，就叫做实性，也就是真如自性。在自己的真如自性中，不染著一切世间的善恶境界，这就是圆满报身佛。你的自性里如果生出一恶念心，那就会磨灭你历千世万劫而积累的善因；你的自性如果生出一善念心，那么就像恒河沙数一样多的恶业也会消除净尽了。以善心善念为起点，就一定可以最终证得无上菩提真性。你的每个念头都能识自本心，见自本性，不失你自己本来的真念、真性，这就是圆满报身佛了。”

【原文】

“何名千百亿化身？若不思万法，性本如空，一念思量，名为变化。思量恶事，化为地狱。思量善事，化为天堂。毒害化为龙蛇，慈悲化为菩萨，智慧化为上界，愚痴化为下方。自性变化甚多，迷人不能省觉。念念起恶，常行恶道。回一念善，智慧即生。此名自性化身佛。

“善知识！法身本具，念念自性自见，即是报身佛。从报身思量，即是化身佛。自悟自修自性功德，是真归依。皮肉是色身，色身是宅舍，不言归依也。但悟自性三身，即识自性佛。”

【译文】

“什么叫千百亿化身呢？如果自性对世间万事万物不起迷恋追求之心，那么自性就如同虚空一样圆融无碍。一旦对任何事物起了心念，那自己的心性就有了变化，有思量就有化身。你一想恶事，你的心性就化为地狱。如果你思量善事，你的心性就会化为天堂。你一有毒害的心，你的心性就像龙蛇；你若发慈悲的心，你的心性就是菩萨；你常生般若智慧，你的心性就会变化出三善道的境界；你生起执著痴迷的心念，那你的心性就会堕入三恶道的下方世界。人的自性能产生千变万化，痴迷的人自己不知道省醒觉悟，总是生起恶念，因而在三恶道中轮回不已。你如果能回光返照，生出善念，自性智慧就会生出来，这

就是自性化身佛。

“各位善知识！法身是每个人先天本有的，只要念念都能识自本心，见自本性，就是圆满报身佛。从报身上再有所思量，这就是化身佛了。自己觉悟，自己修行，自己积累自性的功德，这就是真正的归依。人的皮肉是有形有相的色身，而这色身不过是自性的舍宅罢了，不能说是归依。只要能够悟得自性本具一体三身佛，就是真正体悟了‘自性佛’。”

【原文】

“吾有一《无相颂》，若能诵持，言下令汝积劫迷罪，一时销灭。

颂曰：

迷人修福不修道，只言修福便是道。
布施供养福无边，心中三恶元来造。
拟将修福欲灭罪，后世得福罪还在。
但向心中除罪缘，各自性中真忏悔。
忽悟大乘真忏悔，除邪行正即无罪。
学道常于自性观，即与诸佛同一类。
吾祖唯传此顿法，普愿见性同一体。
若欲当来觅法身，离诸法相心中洗。
努力自见莫悠悠，后念忽绝一世休。
若悟大乘得见性，虔诚合掌至心求。”

【译文】

“我有一首《无相颂》，你们如果能够诵读受持，那么念颂的当下你们多世积累的痴迷与罪过都能够马上消灭。

颂辞说：

痴迷执著的人只知道修福德而不知道修行佛道，甚至说修福德就是修行佛道。通过布施大众、供养三宝，好像积累了很多福德，却不知道自己心中的贪、瞋、痴三毒一点也没有消除。想要通过修福德来消除自己的罪过，那么来生即使得享福报，但自己的罪过依然存在。你只要在自己心里除去种种不善的罪念，了悟大乘佛法，各自在自己的自性中生出忏悔心，除去邪心而行正大光明的路，那就自然没有罪了。修行佛道的人要常回光返照，观照自己的自性，能够时时明见自性，那你就与诸佛没有什么两样了。达摩祖师就单单传这顿悟自性的法门，普愿天下一切人都能见佛性，同成佛道。你要想将来得觅法身，就要离一切的法相，不要执著，而要洗心涤虑，明心见性。要努力用功，勇猛精进，不要悠悠哉哉，耗费时光，那在临死的时候，就会明白一世也完了。你如果能明白大乘佛法明心见性的法门，就要虔诚恭敬，合掌礼敬，从自心中诚心诚意地去修行。”

【原文】

师言：“善知识！总须诵取，依此修行。言下见性，虽去吾千里，如常在吾边。于此言下不悟，即对面千里，何勤远来？珍重！好去！”

一众闻法，靡不开悟，欢喜奉行。

【译文】

六祖大师说：“各位善知识！你们一定要将这《无相颂》背出来，并依此修行。你如果听到这个偈颂，就能明心见性，那虽然距离我有千里之遥，也就好像经常在我身边一样。对我所说的这些道理听了却不能了悟，那样即使面对着我，也像离我千里之远，又何必麻烦从那么远赶来呢？你们大家各自珍重，好好想一想我说的道理吧！”

大家听到六祖大师所说的佛法，没有哪个不开悟的，都很高兴而遵奉实行。

机缘品第七

【原文】

师自黄梅得法，回至韶州曹侯村，人无知者。有儒士刘志略，礼遇甚厚。志略有姑为尼，名无尽藏，常诵《大涅槃经》。师暂听，即知妙义，遂为解说。尼乃执卷问字。

师曰："字即不识，义即请问。"

尼曰："字尚不识，焉能会义？"

师曰："诸佛妙理，非关文字。"

尼惊异之，遍告里中耆德云："此是有道之

士，宜请供养。”

有魏武侯玄孙曹叔良，及居民竞来瞻礼。时宝林古寺，自隋末兵火已废，遂于故基，重建梵宇，延师居之，俄成宝坊。

【译文】

六祖大师从黄梅得到五祖弘忍大师传授心印法门后，回到广东韶关曲江县的曹侯村，没有人知道他是传承五祖衣钵的人。当时有一个儒士，名叫刘志略，对六祖大师特别地恭敬护持。刘志略有一姑姑出家为尼，法名叫无尽藏，她时常念诵《大涅槃经》。六祖大师一听《大涅槃经》，就知道其最妙的道理，随后就为无尽藏解说经文。无尽藏于是拿着经卷，向六祖大师逐字请教妙义。

六祖大师说：“字，我不认识，但经的大意倒可解说。”

无尽藏说：“连字都不认识，那经的大意你又怎么会懂？”

六祖大师回答：“诸佛心法的妙理，与文字是没有什么关系的，只要明心见性就行了。”

无尽藏听六祖大师这样一讲，十分惊讶，就遍告曹侯村有道德名望的长者说：“这位法师是开悟有道的人，你们大家应该用心来供养！”

于是，魏武帝曹操的玄孙曹叔良，以及当地的居民，都争先恐后来瞻仰礼拜六祖大师。当时宝林山南华寺，因为隋末战火连天，已经被兵火烧成了废墟。大家于是在其旧址上重修寺庙，延请六祖大师住持，没过多久，这个地方就成为一所寺庙。

【原文】

师住九月余日，又为恶党寻逐。师乃遁于

前山，被其纵火焚草木，师隐身挨入石中得免。石今有师趺坐膝痕及衣布之纹，因名“避难石”。师忆五祖怀会止藏之嘱，遂行隐于二邑焉。

【译文】

六祖大师在曹侯村住了九个多月，又被那些恶徒搜寻追逐，六祖大师于是隐藏到前山。这批恶徒便放火焚烧山上的草木，想烧死六祖大师。大师躲到石头的缝隙里，才幸免于难。现在那块石头上还有六祖大师趺坐的痕迹，以及所穿衣服的折纹，所以这块石头就被称为“避难石”。六祖回忆起五祖嘱咐过的“逢怀则止，遇会则藏”的话，于是便到怀集和四会隐居了起来。

【原文】

僧法海，韶州曲江人也，初参祖师，问曰：“即心即佛，愿垂指谕。”

师曰：“前念不生即心，后念不灭即佛。成一切相即心，离一切相即佛。吾若具说，穷劫不尽。听吾偈曰：

即心名慧，即佛乃定。
定慧等持，意中清净。
悟此法门，由汝习性。
用本无生，双修是正。”

【译文】

僧人法海，是韶州曲江人，最初他来礼拜六祖大师时，问道：“什么叫即心即佛呢？这道理我不明白，请祖师您开示我。”

六祖大师说：“见到本性之前的一切念头，都不再留恋、执著，这就是心；见到本性之后，如如不动的法体就不生不灭，这就是佛。从自性成就一切的相，从自性生起一切妙用，这就是心；自性清净，于一切相都不染著，这就是佛。我如果详细解说，就算耗费几个大劫的时间也说不完。且听我为你说一偈颂：即心就叫慧，即佛就叫定，即心即佛也就是即定即慧，这都是一体的。能够同时修持定、慧法门，那就自然心念清净了。能不能明白领悟这顿教法门，取决于你在心性上所下的修行功夫。佛法妙用本来是不生不灭的，修心就是修佛，修佛就是修心，修定就是修慧，修慧就是修定，心佛双修，定慧双修，这才是正法。”

【原文】

法海言下大悟，以偈赞曰：
“即心元是佛，不悟而自屈。
我知定慧因，双修离诸物。”

【译文】

法海禅师在六祖大师开示下，豁然大悟，于是用偈颂来赞叹说：

"原来这个心也就是佛啊！不明白时以为心与佛各自独立，这只会愈弄愈错。我现在明白即心即佛、即定即慧的因缘了，我一定要心佛双修、定慧双修，脱离世间一切虚妄之相。"

【原文】

僧法达，洪州人，七岁出家，常诵《法华经》。来礼祖师，头不至地。

祖诃曰："礼不投地，何如不礼？汝心中必有一物，蕴习何事耶？"

曰："念《法华经》已及三千部。"

师曰："汝若念至万部，得其经意，不以为胜，则与吾偕行。汝今负此事业，都不知过。听吾偈曰：

礼本折慢幢，头奚不至地？
有我罪即生，亡功福无比。"

【译文】

僧人法达，是洪州人，七岁就出家了，他常念诵《法华经》。法达来顶礼六祖大师，但叩头时，头不触地。

六祖大师就呵斥他："你有心顶礼就该五体投地，头不触地，还不如不要顶礼！你心里一定有障碍物作梗，你平时都修习些什么？"

法达答道："我平时念《法华经》，已经念了三千多遍。"

六祖大师说："你如果能念至一万遍，领悟经文中的义理，而不自以为是，这样才算是和我并肩齐行了。你现在白白辜负了诵持《法华经》的事业，还不知道自己的过错。听我给你说一段偈颂：顶礼本来目的是为了去除贡高怠慢之心的，你的头为何不叩到地上？你有了我相，自以为了不起，就有我慢的罪生出了。你如果能不存有功德之心，念三千遍就如同没念一样，那你的福德就会无量无边了。"

【原文】

师又曰："汝名什么？"
曰："法达。"
师曰："汝名法达，何曾达法？"复说偈曰：
"汝今名法达，勤诵未休歇。
空诵但循声，明心号菩萨。
汝今有缘故，吾今为汝说。
但信佛无言，莲华从口发。"

【译文】

六祖大师又问："你叫什么名字？"

回答说："名叫法达。"

六祖大师说："你名叫法达，但你现在又通达什么法呢？"

接着六祖对他说了一首偈颂："你现在名字叫法达，一天到晚很用功地念诵《法华经》。但你只是每天口头依着经文空诵，不明了经中的道理。你能明白其义理，能明心见性，这才叫做菩萨。因为你和我有缘，所以我现在对你讲一讲佛法真旨。你要相信，诸佛本无言说，一切佛法都不可执著，能够不执著于经文，而是领悟其中的妙义，那一切妙法也就能够如莲花般从口而出了。"

【原文】

达闻偈，悔谢曰："而今而后，当谦恭一切。弟子诵《法华经》，未解经义，心常有疑。和尚智慧广大，愿略说经中义理。"

师曰："法达，法即甚达，汝心不达。经本无疑，汝心自疑。汝念此经，以何为宗？"

达曰："学人根性暗钝，从来但依文诵念，岂知宗趣？"

【译文】

法达听到这首偈颂后，就忏悔谢罪说："从今以后，我应当谦恭地对待世间一切。过去弟子读诵《法华经》，没能明了经中的义理，所以心中常有疑惑。大和尚您智慧广大，请为我略微解说一下经中的道理。"

六祖大师说："法达，佛法本来是通达无碍的，可惜你的心迷昧而不通达。经文本来没有可怀疑的地方，而是你自己的心起了怀疑。你念诵《法华经》，以什么为宗旨呢？"

法达答："弟子我根性愚钝，一直以来只知道按照经文诵念而已，哪里知道什么宗旨呢？"

【原文】

师曰："吾不识文字，汝试取经诵一遍，吾当为汝解说。"

法达即高声念经，至《譬喻品》，师曰："止。此经元来以因缘出世为宗。纵说多种譬喻，亦无越于此。何者因缘？经云：'诸佛世尊，唯以一大事因缘，出现于世。'一大事者，佛之知见也。世人外迷著相，内遂著空。若能于相离相，于空离空，即是内外不迷。若悟此法，一念心开，是为开佛知见。"

【译文】

六祖大师说："我不认识字，你拿《法华经》来读诵一遍，我再为你解说。"

法达于是就高声朗诵《法华经》，诵至《譬喻品》时，六祖大师说："停下！这部经原来是以'因缘出世'作为其宗旨。不管说了多少的譬喻，其实也没有超过这个因缘。是什么因缘呢？经上说：'所有佛世尊，只是因为一种大事因缘出现于世上。'这件大事，就是佛的知见。世间人着迷于外间万事万物，内心又着到空上。如果能见外间万事万物而不为所动，既能保持自心清净空寂，又不陷入什么都不是的空缚，这就是于内于外都不为虚妄的认知迷惑。如果能明白这种妙法，那在

一念之间自心就开悟了。这就得到佛一样的智慧和见解。”

【原文】

“佛犹觉也，分为四门：开觉知见、示觉知见、悟觉知见、入觉知见。若闻开示，便能悟入，即觉知见，本来真性，而得出现。汝慎勿错解经意，见他道：‘开示悟入，自是佛之知见，我辈无分。’若作此解，乃是谤经毁佛也。彼既是佛，已具知见，何用更开？汝今当信佛知见者，只汝自心，更无别佛。盖为一切众生，自蔽光明，贪爱尘境，外缘内扰，甘受驱驰，便劳他世尊从三昧起，种种苦口，劝令寝息，莫向外求，与佛无二。故云开佛知见。”

【译文】

“佛，就是觉的意思，它分有四门：开启觉性的智慧见解、显示觉性的智慧见解、体悟觉性的智慧见解、得到觉性的智慧见解。如果你听到经中的道理，就能够体悟明白，这就是觉性的智慧见解，本有真如自性也就显现出来了。你切记不要误解经文的意思。如果见其他人如此说：‘佛说的开启、显示、体悟、得到觉性的智慧见解，都只是佛自己的智慧见解，与我们这些凡夫俗子没有关系。’你如果有这样的见解，那就是毁谤经典，毁谤佛法了。佛祖既已成佛，早已具有佛的智慧见解，怎么还要开启智慧见解呢？所以你应该深深地相信所谓佛的智慧见解，就是你自己心里的智慧见解，而没有什么别的佛的智慧见解。只是因为世间一切众生遮蔽了自性光明，贪恋爱慕尘世间的诸般境相，对外间事物攀缘追求，也就扰乱了自己的内心，从而甘受驱驰，到处奔波。正因如此，所以诸佛世尊才很辛苦地从定中走出来，用种种善巧方便法，苦口婆心，劝令众生要停止攀缘，杜绝妄想，不要向外驰求，能如此就和佛没有什么差别，所以说开启佛的智慧见解。"

【原文】

"吾亦劝一切人，于自心中，常开佛之知见。世人心邪，愚迷造罪，口善心恶，贪嗔嫉妒，谄佞我慢，侵人害物，自开众生知见。若能正心，常生智慧，观照自心，止恶行善，是自开佛之知见。汝须念念开佛知见，勿开众生知见。开佛知见，即是出世。开众生知见，即是世间。汝若但劳劳执念以为功课者，何异牦牛爱尾？"

【译文】

"我也常劝导一切众生，在他们心里边，要常开启佛的智慧见解。然而世人心里，总是充满邪知邪见，因愚痴迷惑而造下种种的罪业。口说善言，心里却充满恶念。贪婪、嗔恨、嫉妒、谄媚、阿谀奉承、狂妄自大、损人害物，这就是自己开启众生的智慧见解。假设能回光返照，自正其心，自性常生智慧，观照自心，能诸恶不作，众善奉行，这就是自己开启佛的智慧见解。你在念念中要存正念，存善心，开启佛的智慧见解，而不要开启众生的智慧见解。开启佛的智慧见解，就是超脱尘世；开启众生的智慧见解，就是迷恋尘世，不得超脱。如果你一天到晚辛辛苦苦念诵经典，就以为这是在修行，那和牦牛爱惜它的尾巴又有何两样？"

【原文】

达曰："若然者，但得解义，不劳诵经耶？"

师曰："经有何过，岂障汝念？只为迷悟在人，损益由己。口诵心行，即是转经。口诵心不行，即是被经转。听吾偈曰：

心迷《法华》转，心悟转《法华》。
诵经久不明，与义作雠家。
无念念即正，有念念成邪。
有无俱不计，长御白牛车。"

【译文】

法达说："既然如此，那只要明白经的意思，就不必诵经了吗？"

六祖大师说："经有什么过错，它怎会阻碍你念经呢？要知道迷痴和觉悟在于你自己，如果迷痴于经文，你念了也没有功，如果能领悟经文的含义，那念了就有益处。口诵而心行，这就是经文为我所用。口诵经文而内心不照经的义理去修行，这就是被经文牵着鼻子走了。你再听听我给你说的偈颂：你心若不明白，迷惑了，就被《法华》转，转得你愈念愈不明白。你心若悟，就可将《法华》妙义转动了。你诵《法华经》有十多年的功夫，但不明白其义，就好比和经的义理成了冤家对

头。没有妄念就是正念，一有邪念，以为我念经就有功德，那就成邪念了。不计有无，念了就如没念一样，这样就能自由驾驭佛门智慧的白牛之车。”

【原文】

达闻偈，不觉悲泣，言下大悟，而言师曰：“法达从昔已来，实未曾转《法华》，乃被《法华》转。”再启曰：“经云：‘诸大声闻，乃至菩萨，皆尽思共度量，不能测佛智。’今令凡夫，但悟自心，便名佛之知见。自非上根，未免疑谤。又经说三车，羊鹿牛车与白牛之车，如何区别？愿和尚再垂开示。”

【译文】

法达听完六祖大师这段偈颂后，不知不觉就涕泪悲泣，顿时大悟，他禀告六祖大师说：“法达我从过去到现在，实在未曾转过《法华经》啊！我是一直被《法华经》所转。”又再启求说：“《法华经》上说：‘假使所有佛的大弟子声闻、罗汉乃至于大菩萨，尽他们的思维来度量猜测，也不能测知佛的智慧。那么，现在大师您说普通凡夫只要能悟自心，就是佛的智慧见解。弟子我不是有上智善根的人，免不了心生疑惑，口头毁谤了。再者经上说有羊车、鹿车和大白牛车三车，它们有什么分别呢？请大和尚发慈悲心再开示我。”

【原文】

师曰：“经意分明，汝自迷背。诸三乘人，

不能测佛智者，患在度量也。饶伊尽思共推，转加悬远。佛本为凡夫说，不为佛说。此理若不肯信者，从他退席。殊不知，坐却白牛车，更于门外觅三车。况经文明向汝道：'唯一佛乘，无有余乘。'若二若三，乃至无数方便、种种因缘、譬喻言词，是法皆为一佛乘故。汝何不省？三车是假，为昔时故。一乘是实，为今时故。只教汝去假归实。归实之后，实亦无名。应知所有珍财，尽属于汝，由汝受用，更不作父想，亦不作子想，亦无用想，是名持《法华经》。从劫至劫，手不释卷，从昼至夜，无不念时也。"

【译文】

六祖大师说："经文的意思说得很明白，不过你自己愚痴，违背了经的义理。声闻、缘觉、菩萨三乘人等，他们不能领悟佛的智慧，其毛病就在揣测推量上，他们越是揣测推量，反而离佛的智慧越远。因为佛法是为凡夫说的，而不是为佛说的，如果连这个道理都不懂，那就随他自己退席而去吧。人不知自己已经坐在众宝庄严的白牛车上，反而向外去寻找羊、鹿、牛三车，这就是世人的不智！并且经文已明明白白向你说了：'只有一佛乘——大白牛车，更没有其他的乘。'或者说二乘——声闻、缘觉，或者说三乘——声闻、缘觉、菩萨，或者无数的乘，这不过是方便法，是种种的因缘、譬喻和言词而已，所有佛法都是为这一佛乘说的。你为何不明白这三车是假设的呢？羊、鹿、牛三车，声闻、缘觉、菩萨这三乘的缘法，是为了说明当时的情形而假设的。大白牛车这一佛乘，才是为现在所说的实法！《法华经》的道理，是教所有人去除三乘的束缚而归于自心的真实，但归于真实之后，大白牛车这个实法也就没有一个名，也就应该不存在了。你应知道，所有的佛法，皆属于你本有的家财，随你怎么用都可以的。你不需要想，这是我父亲给我的财宝；也不需想，我是儿子，应继承父亲的家业。根本不用去想，就是受持即可，这就叫持《法华经》。从第一大劫至最后一个大劫，手不释卷，从早到晚，没有一刻不在诵《法华经》。”

【原文】

达蒙启发，踊跃欢喜，以偈赞曰：
“经诵三千部，曹溪一句亡。
未明出世旨，宁歇累生狂？
羊鹿牛权设，初中后善扬。
谁知火宅内，元是法中王。”
师曰：“汝今后方可名念经僧也。”
达从此领玄旨，亦不辍诵经。

【译文】

法达蒙六祖大师启迪之后，欢喜踊跃，即用偈语称赞说：“我念《法华经》已经三千遍，而曹溪来的六祖大师一席话就使之前的一切全部消亡。我还未明了出世的宗旨，怎能休歇多生多劫的狂妄无知呢？羊车、鹿车、牛车，这些都不过是方便说法的权设罢了，小乘法、中乘法、大乘法都是弘扬佛法的步骤。谁也想不到，原来在这凡尘三界火宅内，就可以修行成佛作大法王！”

六祖大师说：“你从今以后才配称为是真正念经的和尚。”

法达从此领悟了六祖大师玄妙的宗旨，现在他虽然明白了《法华经》，但仍不停止诵持《法华经》。

【原文】

僧智通，寿州安丰人。初看《楞伽经》，约千余遍，而不会三身四智，礼师求解其义。

师曰："三身者，清净法身，汝之性也；圆满报身，汝之智也；千百亿化身，汝之行也。若离本性，别说三身，即名有身无智。若悟三身，无有自性，即名四智菩提。听吾偈曰：

自性具三身，发明成四智。
不离见闻缘，超然登佛地。
吾今为汝说，谛信永无迷。
莫学驰求者，终日说菩提。"

【译文】

僧人智通，是寿州安丰人。他看《楞伽经》有一千多遍，还不能领会三身四智的道理，于是来礼请六祖大师，恳求解释真义。

六祖大师开示说："三身就是法身、报身、化身。这清净法身就是你的本性，圆满报身就是你的智慧，千百亿化身就是你的本身行为。如果离开本性而说什么三身，这就是有身而没有智慧。你如果悟得三身并没有自性，就能拥有四智菩提。现在请听我的偈言：当你了解了三身是自性本具，你就明白和拥有了四智。不必摒弃声闻缘觉的凡尘事物，就能直达众佛法界。我今天为你说法，你必心生信仰，永不迷惑，不要像一些世俗之人，终日口说'菩提'，而不自修自心。"

【原文】

通再启曰："四智之义，可得闻乎？"

师曰："既会三身，便明四智，何更问耶？若离三身，别谈四智，此名有智无身。即此有智，还成无智。复说偈曰：

大圆镜智性清净，平等性智心无病，
妙观察智见非功，成所作智同圆镜。
五八六七果因转，但用名言无实性。
若于转处不留情，繁兴永处那伽定。"

【译文】

智通又问道："那四智的涵义，我可听一听吗？"

六祖大师说："你既了解三身，就应该同时明白四智。如果你尝试离开三身而解释四智，纵使你明白四智的名相，也得不到真实的体用，就算有了智慧也就等于没有智慧一样，徒劳无益。"

六祖大师又说了一首偈颂："佛有四智，即大圆镜智、平等性智、妙观察智、成所作智。大圆镜智是由第八意识转化的，你如果能本性清净，没有污染，就能转第八意识成大圆镜智；平等性智是由第七意识转

化的，就是诸佛和众生平等，你如果能没有障碍、嫉妒、贪婪、瞋痴就能转第七意识成平等性智；妙观察智是第六意识转化的，你如果能见一切境界，不用分辨就能知道，就能转第六意识成妙观察智；成所作智是第八识转成大圆镜智后，断除了一切根本无明，而五根所作的一切皆圆满成就。前五识和第八识必须到成就佛果时才能转为成所作智和大圆镜智，所以叫“果上转”；第六识和第七识却能在未成就佛果前就能转为妙观察智和平等性智，所以叫“因中转”。但实际也并没有什么实性，只不过是一些名词而已。如果你能在互相转化的地方不执著，不用凡夫的情识来测度这种情形，那就能身处纷乱的尘世而常处不可思议的禅定之中。”

【原文】

通顿悟性智，遂呈偈曰：
“三身元我体，四智本心明。
身智融无碍，应物任随形。
起修皆妄动，守住匪真精。
妙旨因师晓，终亡染污名。”

【译文】

智通听偈之后，就马上领悟了三身四智的意义，于是呈上偈颂说：“三身原来在我体中而非在外，而四智是在心里明白后就生出这四种智慧。三身和四智是圆融无碍的，故能因人说法，随缘不变。如果产生想法说我要如何修三身四智，这都是妄想。如果守住成见，有所执著，这都不是真正的精华。这种奥妙无穷的道理、旨趣都是从六祖大师您这儿学后才明白的，我从此也将长保自性的清净本源，没有一点污染。”

【原文】

僧智常，信州贵溪人，髫年出家，志求见性，一日参礼。

师问曰："汝从何来？欲求何事？"

曰："学人近往洪州白峰山，礼大通和尚，蒙示见性成佛之义，未决狐疑。远来投礼，伏望和尚慈悲指示。"

师曰："彼有何言句？汝试举看。"

曰："智常到彼，凡经三月，未蒙示诲。为法切故，一夕独入丈室请问：'如何是某甲本心本性？'大通乃曰：'汝见虚空否？'对曰：'见。'彼曰：'汝见虚空有相貌否？'对曰：'虚空无形，有何相貌？'彼曰：'汝之本性，犹如虚空。了无一物可见，是名正见。无一物可知，是名真知。无有青黄长短，但见本源清净，觉体圆明，即名见性成佛，亦名如来知见。'学人虽闻此说，犹未决了，乞和尚开示。"

【译文】

僧人智常是江西贵溪县人，幼年出家，他的志愿是想要见性。有一天来参拜六祖大师。

六祖大师问他说："你从什么地方来？想要来求什么？"

智常说："我最近到洪州白峰山参拜大通和尚，承蒙大通和尚开示成佛见性的义理，可是心中仍有很多疑问，所以从遥远的地方来亲近大德善知识，祈望和尚大发慈悲，指示道理。"

六祖大师问说："大通和尚对你说了些什么？你姑且说一说给我听。"

智常答道："弟子智常到大通和尚那里，历经三个多月，都没有得到教诲指示。因为我求法恳切的缘故，有一天晚上，就独自到方丈室，请教大通和尚：'如何才是我智常的本心和本性？'大通和尚就对我说：'你看见虚空了没有？'我答说：'我看见了虚空。'大通和尚又说：'你知道虚空有什么相貌吗？'我说：'虚空是没有形相的，又有何形相呢？'大通和尚开示说：'你的本性和虚空是相同的。没有一物可见，这就是正见。没有一物可知，就是真知。你的本性是没有青黄的颜色和长短的形相，你但见本源清净，觉体圆明，这就叫见性成佛，也叫如来知见。'学人智常虽听说这种说法，但还是不太明白，故乞请和尚您开示我。"

【原文】

师曰："彼师所说，犹存见知，故令汝未了，吾今示汝一偈：

不见一法存无见，大似浮云遮日面。
不知一法守空知，还如太虚生闪电。
此之知见瞥然兴，错认何曾解方便？
汝当一念自知非，自己灵光常显现。"

常闻偈已，心意豁然，乃述偈曰：

"无端起知见，著相求菩提。
情存一念悟，宁越昔时迷？
自性觉源本，随照枉迁流。
不入祖师室，茫然趣两头。"

【译文】

六祖大师听后说："大通和尚所说还存有知见，所以才令你不明白。我现在给你说一偈颂：以为不见一法就万法皆空了，其实你还存'不见'这个见，这就好像浮云遮住太阳一样。以为没有一物可知就是真知，其实你还执著于'不知一法'的空知，这就好像在虚空里突然生出的闪电。这种无见之见、空知之知在你心头，因为有这种错误的知见，又何曾能明白方便的法门？你现在应该就在当下这一念，觉悟到固守这无见之见、空知之知是错误的，那么你自己本有的智慧、本有的佛性、本有的如来藏性，自然常会现前。"

智常听六祖大师偈颂之后，当下心里豁然开朗，于是作了一首偈颂说："无端端地生出一个无见之见、空知之知，执著于外相去求取菩提智慧，心里存着只求了悟的执著心，又怎么能越出旧日的执迷？自性清净才是觉悟的根源本体，它是随缘不变的，虽然有所迁流，但本体不变。假使我智常不入六祖大师您的堂室来，得不到您的开示，至今我还是茫茫然落于知见，趋入极端两头。"

【原文】

智常一日问师曰："佛说三乘法，又言最上乘，弟子未解，愿为教授。"

师曰："汝观自本心，莫著外法相。法无四

乘，人心自有等差。见闻转诵是小乘，悟法解义是中乘，依法修行是大乘。万法尽通，万法俱备，一切不染，离诸法相，一无所得，名最上乘。乘是行义，不在口争，汝须自修，莫问吾也。一切时中，自性自如。”

常礼谢执侍，终师之世。

【译文】

智常有一天问六祖大师说：“佛说三乘的佛法——声闻、缘觉、菩萨，可是又说最上一乘，弟子我不明白，祈请祖师开示。”

六祖大师答道：“你要回光返照，看看你自己的心，而不要向外驰求，著到外面的法相。佛法本没有四乘的差别，只因人心有差别距离罢了！听讲诵读佛经是小乘，悟解佛法真义是中乘，能依照佛法实实在在去修行，才是大乘。所有一切佛法都融会贯通、无所障碍，而又于一切佛法均不染著，脱离诸种法相，好像一无所得，这就叫最上乘。乘是在修行，而非在口头争论。所以你要自己修行，不要来问我。在所有一切时候，要能自性自如，自己清楚地知道自己的本心。”

智常作礼拜谢六祖大师，并从此执礼侍奉大师，一直到大师圆寂才离开南华寺。

【原文】

僧志道，广州南海人也。请益曰：“学人自出家，览《涅槃经》十载有余，未明大意，愿和尚垂诲。”

师曰：“汝何处未明？”

曰："诸行无常，是生灭法。生灭灭已，寂灭为乐。于此疑惑。"

师曰："汝作么生疑？"

曰："一切众生，皆有二身，讲色身、法身也。色身无常，有生有灭。法身有常，无知无觉。经云'生灭灭已，寂灭为乐'者，不审何身寂灭？何身受乐？若色身者，色身灭时，四大分散，全然是苦，苦不可言乐。若法身寂灭，即同草木瓦石，谁当受乐？又法性是生灭之体，五蕴是生灭之用。一体五用，生灭是常。生则从体起用，灭则摄用归体。若听更生，即有情之类，不断不灭。若不听更生，则永归寂灭，同于无情之物。如是则一切诸法被涅槃之所禁伏，尚不得生，何乐之有？"

【译文】

僧人志道，是广东南海县人。他来请教六祖大师说："我自从出家后就阅览《涅槃经》，有十余年了，可是还不明大意，请和尚您教导我。"

六祖大师问："你是哪里不明白呢？"

志通说："经内有一偈说：'诸行无常，是生灭法；生灭灭已，寂灭为乐。'在这地方我有疑惑。"

大师说："你为什么有疑惑啊？"

志道说："所有众生，都有色身和法身两种身体。色身是变化无常的，它有生也有灭；而法身是常住不变的，也没有什么知觉。《涅槃经》上说'生灭灭已，寂灭为乐'，我不知道是哪个身寂灭？哪个身进入圆融快乐的境界？如果是指色身的话，色身灭寂之时，也就是地、水、火、风分散之时，那全是一种痛苦的境界，苦不堪言，就不可说是乐。如果是指法身的话，法身就同草木瓦石一样，没有什么知觉，又怎么进入圆融快乐的境界呢？再说法性是生灭的本体，色、受、想、行、识这五蕴是生灭的现象。一个法性的本体上生出五蕴的现象，这应该是永恒不变的。生就是从本体产生现象，而灭就是现象回归本体。如果让这种生灭又有来生，那么所有有意识的种类，就不断不灭，不断生死循环。如果这种生灭没有来生，那么灭度后就永归寂灭，就和草木瓦石之类没有意识的物体一样了。如果是这样的话，那么所有佛法，都被涅槃制伏禁止，变成断灭了，它连再生都不得自由，又有什么可以为乐呢？”

【原文】

师曰："汝是释子，何习外道断常邪见，而议最上乘法？据汝所说，即色身外别有法身，离生灭求于寂灭。又推涅槃常乐，言有身受用。斯乃执吝生死，耽著世乐。汝今当知，佛为一切迷人，认五蕴和合为自体相，分别一切法为外尘相。好生恶死，念念迁流，不知梦幻虚假，枉受轮回。以常乐涅槃，翻为苦相，终日驰求。佛愍此故，乃示涅槃真乐。刹那无有生相，刹那无有灭相，更无生灭可灭，是则寂灭现前。当现前时，亦无现前之量，乃谓常乐。此乐无有受者，亦无不受者，岂有一体五用之名？何况更言涅槃禁伏诸法，令永不生，斯乃谤佛毁法！听吾偈曰：

无上大涅槃，圆明常寂照。
凡愚谓之死，外道执为断，
诸求二乘人，目以为无作，
尽属情所计，六十二见本。
妄立虚假名，何为真实义？
惟有过量人，通达无取舍。
以知五蕴法，及以蕴中我，
外现众色像，一一音声相。
平等如梦幻，不起凡圣见。
不作涅槃解，二边三际断。
常应诸根用，而不起用想。
分别一切法，不起分别想。
劫火烧海底，风鼓山相击。
真常寂灭乐，涅槃相如是。
吾今强言说，令汝舍邪见。
汝勿随言解，许汝知少分。”
志道闻偈大悟，踊跃作礼而退。

【译文】

六祖大师说："你是释迦牟尼的弟子，为什么要修习外道执断执常的邪知邪见，而谈论最上乘的佛法？根据你所说的道理，即是认为在色身之外另有一个法身，离开生灭再去追求另一个寂灭涅槃。你又推寻涅槃常乐的道理，认为色身、法身之中有一介身受用这个快乐。你这种见解，是执著于生死，耽迷于尘世间的快乐。你现在应当知道，佛认为尘世间的痴迷之人错认五蕴和合为自己的体相，而把一切佛法当成外在之物，贪生怕死，念念不忘尘世，不知生死都是梦幻泡影，所以在六道轮回里枉受生死轮回，反而把常乐的涅槃妙境看成苦相，一天到晚向外驰求尘世间的快乐。佛正因为怜悯这一类众生，所以指示涅槃真正的快乐。那一刹那没有生相，那一刹那间也没有灭相，也没有什么生死可灭，这就是寂灭的显象。当寂灭出现之时，也没有多大多宽的量度，这就是永恒的快乐。并没有谁来享受这种快乐，也没有一个不享受这种快乐。本来自性现前，又怎么还有什么一个法体、五蕴之用呢？更何况你所说涅槃禁制诸法，令它永远不生，这是谤佛毁法的谬见。且听我的偈颂：至高无上的大涅槃，它是圆满光明、恒常不变、寂而常照的。凡夫愚痴人称它是死了，外道就执著地以为是断灭。而只具声闻、缘觉二乘之人，认为它是自然而至的，无须行善修德。这些看法，都是用凡夫之心来度量、区分，这都是产生虚妄不实的六十二边见的根本。错误地设立种种虚假的名头，又怎能明白真实的道理呢？只有超过一般凡夫二乘外道思量智慧超常、慧根深具的人，才能通达法相，无取无舍，而能真实地知道色、受、想、行、识五蕴，和五蕴中的我，以及在我以外所显现的众色相和一切音声相。这些都毫无差别、如梦幻泡影一样。也不起凡见，也不起圣人解，也不作涅槃快乐的解释，不著于空，也不著于有，也不著于过去、现在和未来。真如自性常能随缘不变，应用无穷，而不生出起用的念头。善于分别一切法相，又不执著于明辨一切。三灾起时火灾能将海底都烧干，风灾能鼓动群山互相撞击。你如果能得到真常寂灭的快乐，那无论多大的灾难起时，都于你没有什么关系。我现在勉强说这个法，而令你舍去你的邪知见解。你不要随着文字来解释经典，这样就能多少领略到一些佛法。"

志道听六祖大师讲完此偈颂后大悟，高兴踊跃，叩头顶礼，而退到一边去。

【原文】

行思禅师，生吉州安城刘氏。闻曹溪法席盛化，径来参礼，遂问曰："当何所务，即不落阶级？"

师曰："汝曾作什么来？"

曰："圣谛亦不为。"

师曰："落何阶级？"

曰："圣谛尚不为，何阶级之有？"

师深器之，令思首众。

一日，师谓曰："汝当分化一方，无令断绝。"

思既得法，遂回吉州青原山，弘法绍化，谥弘济禅师。

【译文】

行思禅师，生于吉州安城县刘姓家中。听说六祖大师在曹溪弘扬佛法，法席盛化，就也来参拜六祖大师，请教大师说："我应该修习什么法门，才能不落入循阶而上的渐法呢？”

六祖大师问道：“你以前曾怎样修行呢？”

行思大师答：“我对苦、集、灭、道的四圣谛都忘了，不修了。”

六祖大师说：“那你圣谛都不修了，你又认为修到什么阶段了呢？”

行思大师答：“我连圣谛尚且都不做了，又还有什么阶段可谈呢？”

六祖大师于是很器重行思大师，令他作众僧首座。有一天，六祖大师对他说：“你应该到另一方作教化祖师，不要令佛法断灭了。”

行思大师得六祖大师所传心印妙法之后，就回吉州青原山弘扬佛法，绍化佛种，圆寂后被追封为“弘济禅师”。

【原文】

怀让禅师，金州杜氏子也。初谒嵩山安国师，安发之曹溪参叩。让至礼拜。

师曰：“甚么来？”

曰：“嵩山。”

师曰：“什么物？恁么来？”

曰：“说似一物即不中。”

师曰："还可修证否？"

曰："修证即不无，污染即不得。"

师曰："只此不污染，诸佛之所护念。汝既如是，吾亦如是。西天般若多罗，识汝足下出一马驹，踏杀天下人。应在汝心，不须速说。"

让豁然契会，遂执侍左右一十五载，日臻玄奥。后往南岳，大阐禅宗，敕谥大慧禅师。

【译文】

怀让禅师，是金州杜氏之子。最初谒见嵩山安国禅师学习佛法，安国禅师让他到曹溪学习佛法。怀让禅师见六祖后就礼拜叩头。

六祖大师说："你从哪里来？"

怀让禅师答："我从嵩山来。"

六祖大师说："什么东西？怎么来的？"

怀让禅师说："如果说是一个什么东西，也就不可以了。"

六祖大师问："你这么说，那还用修行和证悟吗？"

怀让禅师答："修行和证悟不是没有，但如果执著于此就于佛法一无所得了。"

六祖大师说："这个不执著，就是诸佛所护念的妙法。你是这样，我也是这样。印度般若多罗法师有一预言：说你门下会出一匹小马，辩才无碍，智能广大，令其他法师心悦诚服。这个预言就应落在你身上，你不要马上说出来。"

怀让禅师一下就全明白了，便在六祖大师左右执侍十五年之久，所悟的佛理一天比一天深厚。他后来到了南岳衡山，大力阐扬禅宗的道理，圆寂后朝廷追谥他为"大慧禅师"。

【原文】

永嘉玄觉禅师，温州戴氏子。少习经论，精天台止观法门。因看《维摩经》，发明心地。偶师弟子玄策相访，与其剧谈，出言暗合诸祖。

策云："仁者得法师谁？"

曰："我听方等经论，各有师承。后于《维摩经》悟佛心宗，未有证明者。"

策云："威音王已前即得，威音王已后，无师自悟，尽是天然外道。"

曰："愿仁者为我证据。"

策云："我言轻。曹溪有六祖大师，四方云集，并是受法者。若去，则与偕行。"

【译文】

永嘉的玄觉禅师，是温州戴姓人家的子弟。他年轻时就研究佛经和历代祖师的精论，对于天台教止观法门特别精通，后来看《维摩经》而明白心地法门。偶然间遇到六祖大师的弟子玄策禅师来访，就和他谈论佛法。玄觉禅师所谈的道理和祖师过去所说的暗暗相合。

玄策禅师问道："仁者你是随哪位大师学的佛法啊？"

玄觉禅师说："我以前听诸家佛门经论，都各有传承，后来我自己看《维摩经》，了悟心印法门，但没有经大德给我印证。"

玄策禅师说："你是自己看《维摩经》而明白，若是在威音王（第一位佛）以前就可以，但在威音王后，若没有师父传给你法门和印证，这都是天然外道。"

玄觉禅师说："那现在就请仁者给我印证。"

玄策法师说："我不够资格，所说的话不够分量。在曹溪南华寺有位六祖大师，法名远近皆闻，所以四面八方求法者如云一般聚集前往，况且他是传历代祖师衣钵的祖师。如果你想请六祖大师给你印证的话，那我可以同你一起去。"

【原文】

觉遂同策来参，绕师三匝，振锡而立。

师曰："夫沙门者，具三千威仪，八万细行。大德自何方而来，生大我慢？"

觉曰："生死事大，无常迅速。"

师曰："何不体取无生，了无速乎？"

曰："体即无生，了本无速。"

师曰："如是，如是。"

玄觉方具威仪礼拜，须臾告辞。

师曰："返太速乎？"

曰："本自非动，岂有速耶！"

师曰："谁知非动？"

曰："仁者自生分别。"

师曰："汝甚得无生之意。"

曰："无生岂有意耶！"

师曰："无意，谁当分别？"

曰："分别亦非意。"

师曰："善哉！少留一宿。"时谓"一宿觉"。

后著《证道歌》，盛行于世，谥曰"无相大师"，时称为真觉焉。

【译文】

玄觉于是和玄策一起到南华寺参礼六祖。玄觉围着六祖大师转了三圈后，举起锡杖向地面一振而立。

六祖大师说：“出家人应该要具足三千威仪和八万细行。大德你是从何而来？怎么生出这么大的傲慢心？”

玄觉道：“生死是最要紧最大的问题，无常变化太迅速了。”

六祖大师问：“你为何不去体悟无生无死的境界，以了却这无常迅速的生死呢？”

玄觉禅师答：“体认自性就本无生死，了悟无常也就无所谓变化迅速了。”

六祖大师说：“是这样！是这样！”

玄觉禅师这才整顿衣服，具足威仪后向六祖大师礼拜。过了片刻，就告辞了。

六祖大师说：“你这样就走是不是太快了？”

玄觉答：“我本性本没有动，没有来也没有去，又哪里能回去得太快呢？”

六祖大师问：“谁能知道你的本性是不动的呢？”

玄觉大师说:“这是仁者您生出来的分别心啊。”

六祖大师说:“你说的很符合无生的道理。”

玄觉大师说:“既然已经无生,那又有什么道理呢?”

六祖大师说:“无生如果没有道理,那又由谁来分别呢?”

玄觉大师说:“虽然有分别,可是并非由道理分别的。”

六祖大师高兴地说:“你讲得很好!请留在这里住一晚上吧。”当时佛教所说“一宿觉”的典故,就源于此,即住一晚就开悟了。

后来玄觉禅师作了一篇《证道歌》,盛行于世。圆寂后被朝廷追封为“无相大师”,时人又尊称他为“真觉禅师”。

【原文】

禅者智隍,初参五祖,自谓已得正受,庵居长坐,积二十年。师弟子玄策,游方至河朔,闻隍之名,造庵问云:“汝在此作什么?”

隍曰:“入定。”

策云:“汝云入定,为有心入耶?无心入耶?若无心入者,一切无情草木瓦石,应合得定。若有心入者,一切有情含识之流,亦应得定。”

隍曰:“我正入定时,不见有有无之心。”

策云:“不见有有无之心,即是常定,何有出入?若有出入,即非大定。”

隍无对。良久问曰:“师嗣谁耶?”

策云:“我师曹溪六祖。”

隍云:“六祖以何禅定?”

策云:“我师所说,妙湛圆寂,体用如如,五阴本空，六尘非有，不出不入，不定不乱，禅性无住，离住禅寂，禅性无生，离生禅想，心如虚空，亦无虚空之量。”

【译文】

智隍禅师，最初参拜过五祖弘忍大师，自称已得到真正的道理，常年在庵室静坐，已有二十年。六祖大师的弟子玄策，游方到河北河朔，听说智隍禅师的名声，就到他的庵室拜访他，问道：“你在这儿做什么？”

智隍答：“我在这儿入定。”

玄策法师说：“你这个入定，是心里有个念说想入定，还是没有个心念说想要入定呢？假设你说没有心念入定的话，那所有没有知觉的草木瓦石等物，都可以入定，它们都应该进入入定的境界。如果你说是有个心念入定的话，那一切有情感、有意识的众生，他们都应该进入入定的境界了。”

智隍禅师说：“当我正在入定时，我不见我自己存有有无之心，这时我一切皆空。”

玄策说：“你既然不见有无之心，这叫常定，那你又哪来出定和入定？如果有入定，那就不是佛祖所说的大定。”

智隍无言以对。他想了很久，问道：“你的师父是谁啊？”

玄策答：“我的师父是曹溪南华寺六祖慧能大师。”

智隍问：“六祖大师认为怎样才是禅定呢？”

玄策法师说：“我的师父所说的禅定，自己的本性是妙湛圆寂而不动的，而它的体用亦是如如不动，了了常明。色、受、想、行、识本来是空的，色、声、香、味、触、法本来也是没有的，没有什么出定和入定之别，也无神聚与神乱的差别，禅性没有执著，脱离执著于寂静，禅性没有生灭，脱离心生冥想，心就像虚空一样，但又没有虚空度量的标准。”

【原文】

隍闻是说，径来谒师。

师问云：“仁者何来？”

隍具述前缘。

师云：“诚如所言，汝但心如虚空，不著空见，应用无碍，动静无心，凡圣情忘，能所俱泯，性相如如，无不定时也。”

隍于是大悟，二十年所得心，都无影响。其夜河北士庶闻空中有声云：“隍禅师今日得道。”隍后礼辞，复归河北，开化四众。

【译文】

智隍听后，觉得六祖所说的道理很妙，就跟着玄策来拜见六祖大师。

六祖大师问：“仁者你是从哪里来啊？”

智隍法师就详细地说出前面与玄策互相问答的经过。

六祖大师说：“诚然如玄策所说，你只要心如虚空，可是也不执著空见，应用无碍，行、住、坐、卧都没有心念，不要想我是凡夫或圣人，消泯主客间的差别，自性如如不动，法相也如如不动，能这样就时时都在定中了。”

智隍大师豁然大悟，二十年所修的功夫都无踪无影，毫无影响。

这天晚间，河北士子庶民都听到空中有声音说："智隍禅师今天得道了！"智隍禅师恭敬地向六祖大师顶礼告辞，而后回到河北，开化当地的大众。

【原文】

有一童子名神会，襄阳高氏子，年十三，自玉泉来参礼。

师曰："知识远来艰辛，还将得本来否？若有本则合识主，试说看。"

会曰："以无住为本，见即是主。"

师曰："这沙弥争合取次语？"

会乃问曰："和尚坐禅还见不见？"

师以柱杖打三下云："吾打汝痛不痛？"

对曰："亦痛亦不痛。"

师曰："吾亦见亦不见。"

神会问："如何是亦见亦不见？"

师云："吾之所见，常见自心过愆，不见他人是非好恶，是以亦见亦不见。汝言亦痛亦不痛如何？汝若不痛，同其木石。若痛，则同凡夫，即起恚恨。汝向前见不见是二边，痛不痛是生灭。汝自性且不见，敢尔弄人！"

神会礼拜悔谢。

【译文】

有一童子名字叫神会，是湖北襄阳高氏的儿子，年十三岁，从玉泉

寺来参礼六祖大师。

六祖大师说："善知识，你从那么远的地方走路来太艰难辛苦了！你是不是识得本来面目啊？假如你识得本来面目，明心见性，那你就应该识得佛性这个主人，你现在试着说说看。"

神会说："我以无所执著为我的本来面目，而我能见性就是识得主人了。"

六祖大师说："你这个小和尚怎么尽学人家说话？"

神会说："和尚您坐禅时还见不见啊？"

六祖大师就拿起柱杖打了他三下，说："我打你，你痛不痛啊？"

神会答说："我也痛也不痛。"

六祖大师说："那我坐禅也见也不见。"

神会又问："什么叫也见也不见？"

六祖大师答："我所说的见，是常见自己心里的妄想恶念，不见他人的是非好恶，所以说也见也不见。你说你也痛也不痛，是如何解法？我打你，你若不痛，就和木头石头一样。你若痛，就和凡夫一样，会生烦恼嗔恨之心。你以前所说的见和不见是走极端的两种错误看法，你所说的也痛也不痛是还没有超脱生死达到解脱啊。你连自己的本性都还不认识，却胆敢来捉弄人！"

神会连忙叩头顶礼，认错谢罪。

【原文】

师又曰：“汝若心迷不见，问善知识觅路；汝若心悟，即自见性，依法修行。汝自迷，不见自心，却来问吾见与不见。吾见自知，岂代汝迷？汝若自见，亦不代吾迷。何不自知自见，乃问吾见与不见？”

神会再礼百余拜，求谢过愆，服勤给侍，不离左右。

【译文】

六祖大师又说：“假使你心里不明白，没能见性的话，就应该向善知识请教如何修行；假使你开悟了，能识自本心，见自本性，就应依法修行。你现在自己心里愚迷，不能明见自心，却来问我见与不见。我自见自性，自己知道，怎么可以代你去除愚迷呢？你如果能自己明心见性，也不能代替我去除愚迷。你为何不自己回光返照，自己认识自己的本性，却来问什么我见不见呢？”

神会再叩了一百多个头，恳求他宽恕自己的过错，自此殷勤服侍，不离大师左右。

【原文】

一日师告众曰："吾有一物，无头无尾，无名无字，无背无面，诸人还识否？"

神会出曰："是诸佛之本源，神会之佛性。"

师曰："向汝道，无名无字，汝便唤作本源佛性。汝向去有把茆盖头，也只成个知解宗徒。"

祖师灭后，会入京洛，大弘曹溪顿教，著《显宗记》盛行于世，是为荷泽禅师。

【译文】

有一日，六祖大师对大众说："我有一个东西，你们猜是什么？它既没有头也没有尾巴，没有名也没有字，没有背也没有面，你们认识这个东西吗？"

神会站出来说："这东西就是诸佛的本源，神会我的佛性。"

六祖大师说："我已对你说了，它没有名也没有字，你却把它叫做本源佛性。你就算是到茅草庵里勤学苦修，也只可成为一个咬文嚼字的知解宗徒罢了！"

六祖大师圆寂后，神会就到京城洛阳，将曹溪顿教发扬光大，并著有《显宗记》盛行于世，神会法师又叫荷泽禅师。

【原文】

一僧问师云："黄梅意旨，甚么人得？"

师云："会佛法人得。"
僧云："和尚还得否？"
师云："我不会佛法。"

【译文】

有一次，一位和尚问六祖大师："黄梅五祖大师的衣钵，是什么人得到了？"

六祖大师说："明白佛法的人得到五祖大师的衣钵。"

这位僧人又问："和尚你是得到还是没有得到啊？"

六祖大师说："我不明白佛法。"

【原文】

师一日欲濯所授之衣，而无美泉，因至寺后五里许，见山林郁茂，瑞气盘旋。师振锡卓地，泉应手而出，积以为池，乃跪膝浣衣石上。

忽有一僧来礼拜云："方辩是西蜀人，昨于南天竺国，见达摩大师，嘱方辩：'速往唐土。吾传大迦叶正法眼藏及僧伽梨，见传六代，于韶州曹溪，汝去瞻礼。'方辩远来，愿见我师传来衣钵。"

【译文】

一天，六祖大师想洗涤五祖大师所传授的法衣，但没有干净的泉水，所以就走到寺后五里多的山地，看见山林茂密，郁郁葱葱，霞光万道，瑞气千条，在山顶上盘旋。六祖大师拿着锡杖往地下一戳，泉水随着手杖涌地而出，积成了一个水池。六祖大师就跪在石上浣洗五祖所传的衣钵。

此时忽有一和尚向六祖大师顶礼叩头，说："我法名方辩，是西蜀人。前些时候我在南印度见到达摩祖师，他嘱咐我：'快去东土大唐。我传给大迦叶代代相传的佛法、佛衣，现在传到中国已有六代，现在韶关曹溪，你赶快去瞻仰礼拜。'方辩远道赶来，但愿能见到达摩祖师所传留下来的衣钵。"

【原文】

师乃出示。次问："上人攻何事业？"

曰："善塑。"

师正色曰："汝试塑看。"

辩罔措，过数日，塑就真相，可高七寸，曲尽其妙。

师笑曰："汝只解塑性，不解佛性。"师舒手摩方辩顶曰："永为人天福田。"

师仍以衣酬之。辩取衣分为三：一披塑像，一自留，一用棕裹瘗地中。誓曰："后得此衣，乃吾出世，住持于此，重建殿宇。"

【译文】

六祖大师就出示所传法衣给他看，接着问："上人你有什么专长？"

方辩说："我善于塑像。"

六祖大师就很严肃对他说："你试着塑一个给我看。"

方辩当时手足无措，过了几天，他塑成六祖大师的真像，有七寸高，塑得惟妙惟肖。

六祖大师笑着说："你只了解塑性，而不悟解佛性。"于是六祖大师伸手抚摩方辩的头顶说："你生生世世要出家为僧，做人天的福田。"

六祖大师将法衣送给方辩，酬谢他塑像的功德。方辩接受法衣后，分成三份：一份就披到塑像上，一份自己留着作纪念，一份用棕叶包好埋在地里，并发愿说："将来得到这衣的人，就是我转世，我将在这庙作方丈和尚，重修这佛门殿宇。"

【原文】

有僧举卧轮禅师偈曰：
"卧轮有伎俩，能断百思想。
对境心不起，菩提日日长。"
师闻之曰："此偈未明心地，若依而行之，是加系缚。"因示一偈曰：
"惠能没伎俩，不断百思想。
对境心数起，菩提作么长。"

【译文】

有一位和尚念卧轮禅师的偈颂说："卧轮有一本领，能断种种思想，对着什么境界都不起念，所以菩提智慧一天比一天增长。”

六祖大师听到后说：“此偈还没有明白真正的心地法门，如果依此偈修行，等于是自己把自己束缚住了。”

于是六祖大师开示另一偈颂：“惠能我什么本领也没有，我不需要断种种思想，对着任何境界事来则应，事去则净，随便它兴，随便它去，我也不管它菩提智慧增长不增长。”

顿渐品第八

【原文】

时，祖师居曹溪宝林，神秀大师在荆南玉泉寺。

于时，两宗盛化，人皆称“南能北秀”，故有南北二宗顿渐之分，而学者莫知宗趣。

师谓众曰：“法本一宗，人有南北。法即一种，见有迟疾。何名顿渐？法无顿渐，人有利钝，故名顿渐。”

【译文】

当时六祖大师在曹溪宝林山南华寺，神秀大师在湖北荆州玉泉寺。

当时，两宗都教化盛行，人称“南能北秀”，所以有南宗和北宗、顿教和渐教之分。参禅学道的人，不知哪个是正宗。

六祖大师对大众说：“佛法本来只有一种宗旨，而人却有南北之分。佛法本来是不二法门，只有一种，但人的见解有快有慢。什么是顿悟和渐修呢？本来佛法没有顿渐之分，但人却有聪明和愚痴的差别，所以才有顿悟和渐修的差别。”

【原文】

然秀之徒众，往往讥南宗祖师：“不识一字，有何所长？”

秀曰：“他得无师之智，深悟上乘，吾不如也。且吾师五祖，亲传衣法，岂徒然哉？吾恨不能远去亲近，虚受国恩。汝等诸人，毋滞于此，可往曹溪参决。”

【译文】

然而神秀的徒弟们，往往讥讽南宗祖师说：“那个惠能一个字都不识，他有什么能力呢？”

神秀听后就说：“他具有无师自通的智慧，深悟佛法最上一乘，我的确不如他。况且我师傅五祖弘忍大师亲传衣钵于他，这又怎么会是偶然呢？我恨不能亲自去亲近六祖大师，跟他学习佛法，却在这些枉自受着国家的恩宠。你们各位不要滞留在我这儿，应该到曹溪跟六祖学习。”

【原文】

一日，命门人志诚曰：“汝聪明多智，可为吾到曹溪听法。若有所闻，尽心记取，还为吾说。”

志诚禀命至曹溪，随众参请，不言来处。

时祖师告众曰：“今有盗法之人，潜在此会。”

志诚即出礼拜，具陈其事。

师曰："汝从玉泉来，应是细作。"

对曰："不是。"

师曰："何得不是？"

对曰："未说即是，说了不是。"

【译文】

一天，神秀对徒弟志诚说："你很聪明且多智慧，你替我到曹溪去听法。你听见什么道理，要一字不差地写下笔记，等你回来时再念给我听。"

志诚禀受神秀大师的使命来到曹溪，随着大众叩头顶礼，请求开示，但不说自己是从何处来的。

这时六祖大师对大众说："现在有一个偷法的人在此，他藏在大众里。"

志诚一听就走出来顶礼坦白，并详细说明了事情始末。

六祖大师说："你从玉泉寺来，那就是间谍。"

志诚答："我不是间谍。"

六祖大师说："为何你不是间谍呢？"

志诚答："在未说明我的来历前，我就是间谍，但现在已坦白忏悔了，所以就不是。"

【原文】

师曰："汝师若为示众？"

对曰："常指诲大众，住心观静，长坐不卧。"

师曰："住心观静，是病非禅。常坐拘身，于理何益？听吾偈曰：

生来坐不卧，死去卧不坐。

一具臭骨头，何为立功课？"

【译文】

六祖大师问他说："你师父平时对大众开示些什么？"

志诚应对说："我师父常指示大众，要专注心神于一处而观净，大家常打坐不睡觉。"

六祖大师说："专注心神于一处而观净，这是一种病态，而不是坐禅。常坐着反而拘缚自己的身体，对悟解佛理又有何益处呢？请听我为你说一段偈颂：生前执意追求只坐不卧，却不知人死之后，就只卧不坐了。这个身体不过是一具臭皮囊，怎么在这上面用功夫，而不在自性上用功夫呢？"

【原文】

志诚再拜曰："弟子在秀大师处，学道九年，不得契悟。今闻和尚一说，便契本心。弟子生死事大，和尚大慈，更为教示。"

师云："吾闻汝师教示学人戒定慧，未审汝师说戒定慧，行相如何？与吾说看。"

诚曰："秀大师说：'诸恶莫作名为戒，诸善奉行名为慧，自净其意名为定。'彼说如此。未审和尚以何法诲人？"

师曰："吾若言有法与人，即为诳汝。但且随方解缚，假名三昧。如汝师所说戒定慧，实不可思议。吾所见戒定慧又别。"

【译文】

志诚再次礼拜六祖大师说："弟子在神秀大师处学道九年，却没有开悟。现在听和尚所说的道理，就契合本心，有所解悟。弟子还是参不透生死大事，请大和尚大发慈悲，进一步给弟子教诲和指示。"

六祖大师说："我听说你师父神秀大师教授戒定慧法，不知他如何讲戒定慧的形相？其道理如何？说出来给我听听。"

志诚答："神秀大师说：'一切恶事都不做，这就叫戒；能修一切善法并奉持修行，这就叫慧；自己清净意念，这就叫定。'神秀大师如此说，我不知大和尚您用什么法来教诲一切人？"

六祖大师说："我如果说有什么方法教化人，这就是骗你了。我不过是随人根性，用各种方便法解除众生的束缚，解开众生的执著，这种法根本没有一名字，只不过给它起了一个假名叫三昧。像你师父所说的戒定慧实在是不可思议，可是我所说的戒定慧和他又有区别。"

【原文】

志诚曰："戒定慧只合一种，如何更别？"

师曰："汝师戒定慧，接大乘人；吾戒定慧，接最上乘人。悟解不同，见有迟疾。汝听吾说，与彼同否？吾所说法，不离自性。离体说法，名为相说，自性常迷。须知一切万法，皆从自性起用，是真戒定慧法。听吾偈曰：

心地无非自性戒，心地无痴自性慧，
心地无乱自性定，不增不减自金刚，
身去身来本三昧。”

诚闻偈悔谢，乃呈一偈曰：

“五蕴幻身，幻何究竟？
回趣真如，法还不净。”

【译文】

志诚说:”戒定慧只应该有一种讲法，怎么还有别的讲法？”

六祖大师说:“你师父所说戒定慧，是用来接引大乘根性的人；我所说的戒定慧是接引最上乘、根性最高的人。人的悟性不同，见解也有快慢之别。你听一听我所讲的道理，是否与你师父相同？我所说的佛法，不离自心自性。离开自性而说佛法，这就染著到相上，自性就常年痴迷。你要知道一切佛法，都是从自性生起，而起一切应用，这才是真正的戒定慧。请听好我的偈颂：自己心里没有任何恶念就是自性戒，自己心里没有任何愚痴就是自性慧，自己心里没有任何迷乱就是自性定，自性光明无照，不增不减，自己身体就炼成了金刚不坏身，行住坐卧各种姿态也就在这自性自戒、自慧、自定的三昧之中。”

志诚听后，一边忏悔，一边称谢，于是呈上一首偈颂说：“色、受、想、行、识五蕴幻化而成的这个身体是虚妄不实的，在这虚幻的身体上用功夫又怎么会是真实的呢？只有回光返照，自己的真如自性才是洁净的啊，离开了自性那一切教法也就不洁净了。”

【原文】

师然之，复语诚曰："汝师戒定慧，劝小根智人；吾戒定慧，劝大根智人。若悟自性，亦不立菩提涅槃，亦不立解脱知见，无一法可得，方能建立万法。若解此意，亦名佛身，亦名菩提涅槃，亦名解脱知见。见性之人，立亦得，不立亦得，去来自由，无滞无碍，应用随作，应语随答，普见化身，不离自性，即得自在神通，游戏三昧，是名见性。"

【译文】

六祖大师表示肯定，又对志诚说："你师父所讲的戒定慧，是劝导有小根性智慧的人。我所说的戒定慧，是劝导大根大智的人。你如果明白悟解了自性，不去追求菩提、涅槃，也不去追求解脱、知见，一法不立，万法皆空，这样才能建立一切佛法。你如果明白这个道理，就可叫佛身，也可叫作菩提涅槃，也可以起个名字叫解脱知见。真正明心见性的人，立菩提、涅槃、解脱、知见这些佛法名称可以，不立这些名称也可以，生死去来，自由自在，无障无碍，事来则应，事去则净，有人问语，随缘应答，到处都有化身，可是所有的化身又都不离开自性，那这样就随时随地都能得到自在神通和游戏三昧了，这就叫见性。"

【原文】

志诚再启师曰："如何是不立义？"

师曰："自性无非、无痴、无乱，念念般若观照，常离法相，自由自在，纵横尽得，有何可立？

自性自悟，顿悟顿修，亦无渐次，所以不立一切法，诸法寂灭，有何次第？”

志诚礼拜，愿为执侍，朝夕不懈。

【译文】

志诚又启请六祖大师说：“什么是一法不立的意思呢？”

六祖大师说：“你自性里没有一切恶念、没有愚痴、没有迷乱，每个念头都能常用般若智慧观照，而不执著于外界诸相，这样就能自由自在，纵横尽得，那又还有什么可立的呢？你的自性要由你自己悟，你即刻悟就可即刻修，而不必一步步渐次修学，所以我才说不立一切法，一切法都空了，诸法都是寂灭相，那又还有什么次序可说呢？”

志诚叩头顶礼，愿做六祖大师的执侍，从早到晚毫无懈怠。

【原文】

僧志彻，江西人，本姓张，名行昌，少任侠。自南北分化，二宗主虽亡彼我，而徒侣竞起爱憎。时北宗门人，自立秀师为第六祖，而忌祖师传衣为天下闻，乃嘱行昌来刺师。

师心通，预知其事，即置金十两于座间。时夜暮，行昌入祖室，将欲加害。师舒颈就之，行昌挥刃者三，悉无所损。

【译文】

僧人志彻，是江西人，本姓张，名叫行昌，少年时喜欢做行侠仗义之事。自从南顿北渐、南能北秀二宗分化后，两位宗主虽没有人相、我相的观念，但是他们的门人弟子却竟起爱憎之心。当时北宗的门人弟子，自立神秀大师为第六祖，而忌讳慧能大师承传五祖衣钵一事为天下所闻，于是嘱托张行昌来刺杀六祖大师。

六祖大师心有预感，预先知道了这件事，就放了十两金子在他座位旁边。到了晚间，张行昌来到六祖的居室，将要杀害六祖。六祖大师伸长脖颈任由他砍，张行昌拿着剑猛力对着六祖砍了三下，却毫发无损。

【原文】

师曰："正剑不邪，邪剑不正。只负汝金，不负汝命。"行昌惊仆，久而方苏，求哀悔过，即愿出家。师遂与金言："汝且去，恐徒众翻害于汝。汝可他日易形而来，吾当摄受。"行昌禀旨宵遁，后投僧出家，具戒精进。

【译文】

六祖大师说："以正剑行侠仗义自然不能行邪事，剑行邪事自然不是正当行侠。我前生只欠你十两金子，可是我并不欠你的命。"张行昌惊吓得昏倒在地上，过了许久才苏醒过来，于是哀求悔过，并愿意马上出家为僧。六祖大师将预备的十两金子给他说："你要赶快离开，恐怕我这些徒弟知道后反要加害于你。你可以过几天化好了装再来见我，我一定摄受教化你。"张行昌禀受六祖旨意，晚上遁匿起来。后来他投入僧寺出家为僧，受具足戒后，精进而不懈怠。

【原文】

一日忆师之言，远来礼觐。

师曰："吾久念汝，汝来何晚？"

曰："昨蒙和尚舍罪，今虽出家苦行，终难报德。其惟传法度生乎？弟子常览《涅槃经》，未晓常无常义，乞和尚慈悲，略为解说。"

师曰："无常者，即佛性也。有常者，即一切善恶诸法分别心也。"

曰："和尚所说，大违经文。"

师曰："吾传佛心印，安敢违于佛经？"

曰："经说佛性是常，和尚却言无常；善恶之法乃至菩提心皆是无常，和尚却言是常。此即相违。今学人转加疑惑。"

师曰："《涅槃经》吾昔听尼无尽藏诵读一遍，便为讲说，无一字一义不合经文。乃至为汝，终无二说。"

曰："学人识量浅昧，愿和尚委曲开示。"

师曰："汝知否，佛性若常，更说什么善恶诸法？乃至穷劫，无有一人发菩提心者。故吾说无常，正是佛说真常之道也。又一切诸法，若无常者，即物物皆有自性，容受生死？而真常性有不遍之处。故吾说常者，正是佛说真无常义。佛比为凡夫外道，执于邪常，诸二乘人，于常计无常，共成八倒，故于涅槃了义教中，破彼偏见，而显说真常、真乐、真我、真净。汝今依言背义，以断灭无常及确定死常，而错解佛之圆妙最后微言。纵览千遍，有何所益？"

【译文】

有一天，行昌想起六祖大师的话，就从远地赶来拜见六祖。

六祖大师说："我天天都在挂念你，你怎么来得这么晚呢？"

行昌答："以前得蒙和尚不怪罪我，我现在虽出家修行，但总觉得很难报答您这种德行，唯一的方法也就是传承佛法，教化众生了吧。弟子常看《涅槃经》，但不明白常与无常的道理，乞求和尚大发慈悲，大略为我解说。"

六祖大师说："无常就是佛性，有常就是一切善恶分别心。"

行昌说："和尚所说的，大大违背了经文原文。"

六祖大师说："我是传佛以心印心这个法门，又怎敢违背佛经的道理呢？"

行昌说："《涅槃经》上说，佛性是常，和尚却说佛性是无常；《涅槃经》上说，善恶诸法乃至菩提心，这都是无常，而和尚却说是常。这和

《涅槃经》的道理完全不相合。这样一讲，令学人我更加迷惑。”

六祖大师说：“《涅槃经》我以前听无尽藏诵读过一遍，就为她讲解，没有一个字、没有一个义理不契合《涅槃经》经义的。乃至我现在为你说经，也没有两种说法，仍和以前一样。”

行昌说：“学人学识浅昧，愿和尚委曲婉转开示我。”

六祖大师说：“你知不知道啊！假设你说佛性是常、永恒不变的话，那还有什么善恶诸法可说呢？那就无论穷尽多少个大劫，也没有人真正发菩提心来修行了，因为一切众生都不用修行就可成佛了。所以我所说的无常，正是符合佛所说的真常不灭的道理。再假使一切诸法是无常的话，那所有一切物类皆有自性，它们既有自性，又怎么还要受生死呢？要是每一物皆有真常性，它就不会普遍存在于任何地方了。我所对你所说的常，正是佛所说的真无常义。佛正是因为凡夫外道执著地把无常说成常，而那些声闻、缘觉又把常说成无常，总共形成了八种错误见解，所以佛在《涅槃经》了义教中，破除凡夫和二乘人的偏见，而明显说出什么是真常、真乐、真我、真净的道理。你现在依照佛所说之言语，却违背佛所说的教义，你以断灭的无常和死板的常，错误地理解佛所说最圆满、最微妙的这种了义教理，你纵然看《涅槃经》一千遍，又有什么好处呢？”

【原文】

行昌忽然大悟，乃说偈曰：
“因守无常心，佛说有常性。
不知方便者，犹春池拾砾。
我今不施功，佛性而现前。
非师相授与，我亦无所得。”
师曰：“汝今彻也，宜名志彻。”彻礼谢而退。

【译文】

行昌听六祖大师如此一说，忽然开悟，说出一首偈颂：“因为世人固守无常的心念，认为万物转瞬即变，佛才说有常的佛性。我不懂佛所说的是方便法，这就像在春天的水池里捡到一块小石头却把它当成了宝贝。现在我不用什么功夫，佛的圆满妙性就显现于前。我这种开悟不是祖师您教授的。我虽已开悟，但这是我本有的智慧，其实一法也没有得。”

六祖大师说：“你现在大彻大悟了，应该取法名叫志彻。”志彻顶礼拜谢，退到一边。

【原文】

师见诸宗难问，咸起恶心，多集座下，愍而谓曰：“学道之人，一切善念恶念，应当尽除。无名可名，名于自性。无二之性，是名实性。于实性上，建立一切教门。言下便须自见。”

诸人闻说，总皆作礼，请事为师。

【译文】

六祖大师看到各个宗派互相责难，都起了恶念，就把他们都召集到座下，哀悯他们说：“修行佛道的人，应该要把一切善恶念头都去除。不要用什么名头来说什么自己的宗派，而是只说自己的本性。无二的本性，这才是真正的佛道。在无二本性之上，才能建立一切教派法门。你们听到这些话就应该马上明见自性。”

这些人听到此说，都向六祖大师行礼，请求永远侍奉大师。

护法品第九

【原文】

神龙元年上元日，则天中宗诏云：“朕请安、秀二师宫中供养，万机之暇，每究一乘。二师推让云：‘南方有能禅师，密授忍大师衣法，传佛心印，可请彼问。’今遣内侍薛简，驰诏迎请，愿师慈念，速赴上京。”

【译文】

神龙元年正月十五日，则天皇后和唐中宗下诏书说：“朕曾迎请慧安、神秀两位大师到宫中供养，以便我日理万机之余，每天研究佛法。可是这两位法师都推让说：‘南方广东有惠能大师，他密受五祖弘忍大师传授衣钵，承传佛祖心印法门，可请他来请教。'所以现在我派遣宫中内侍薛简，带着皇帝的诏书来迎请大师，但愿大师悯念众生，速来京城长安。"

【原文】

师上表辞疾，愿终林麓。

薛简曰："京城禅德皆云：'欲得会道，必须坐禅习定。若不因禅定而得解脱者，未之有也。'未审师所说法如何？"

师曰："道由心悟，岂在坐也？经云：'若言如来，若坐若卧，是行邪道。'何故？无所从来，亦无所去，无生无灭，是如来清净禅。诸法空寂，是如来清净坐。究竟无证，岂况坐耶？"

【译文】

六祖大师上了一道表章，借言有疾推托，希望终老于林麓间。

薛简说："京城那些禅师大德都说：'如果你想明白道法，必须要坐禅修习定力。如果不由禅定得到解脱，这种人从来没有过。'我不知祖师您所说的佛法如何？"

六祖大师说："佛道是要自己心里领悟的，怎么单单在于坐呢？《金刚经》上说：'如果有人说看到如来或来或去，或坐或卧的形态，那就是旁门外道。'为什么呢？因为佛无所从来，亦无所去，无生无灭，这才是如来清净禅。一切佛法本来就是空寂而无一物的，这才是如来的清净坐。禅机最终也是空无一物，无法印证，又怎么仅仅是打坐呢？"

【原文】

简曰："弟子回宫，主上必问。愿师慈悲，指示心要，传奏两宫，及京城学道者。譬如一灯然百千灯，冥者皆明，明明无尽。"

师云："道无明暗，明暗是代谢之义。明明无尽，亦是有尽，相待立名。故《净名经》云：'法无有比，无相待故。'"

【译文】

薛简说："弟子回宫时，皇帝和皇后一定要问我的。希望祖师您大发慈悲，指示以心印心的妙理，好让我回去禀告皇帝和皇后，以及京城里所有学道的人。就好像一盏灯能将百千盏灯点着了，使黑暗的地方都得到光明，使光明无有穷尽。"

六祖大师说："佛道是没有明暗之别的，明暗只是代谢变化的意思。你所说的'使光明无有穷尽'，其实也有个穷尽，因为明和暗是两个相互对立、相互依存的概念。所以《净名经》上说：'佛法是无可比拟的，没有什么可以与之比拟的东西。'"

【原文】

简曰："明喻智慧，暗喻烦恼。修道之人，倘不以智慧照破烦恼，无始生死，凭何出离？"

师曰："烦恼即是菩提，无二无别。若以智慧照破烦恼者，此是二乘见解，羊、鹿等机，上智大根，悉不如是。"

【译文】

薛简说："明就是比喻智慧，暗就是比喻烦恼。所有修道的人，如果不以智慧常照来破除所有的烦恼，那又凭什么脱离从无始劫到现在的生死苦海呢？"

六祖大师说："烦恼就是菩提觉性，你不要将烦恼和菩提分开，它们是没有分别的。如果你要用智慧常照破除烦恼，这是二乘声闻、缘觉的见解，不过是羊车、鹿车此等的机缘，具有最上智慧和最大善根的人，都不会这样。"

【原文】

简曰："如何是大乘见解？"

师曰："明与无明，凡夫见二；智者了达，其性无二。无二之性，即是实性。实性者，处凡愚而不减，在贤圣而不增，住烦恼而不乱，居禅定而不寂，不断不常，不来不去，不在中间，及其内外，不生不灭，性相如如，常住不迁，名之曰道。"

【译文】

薛简问："那怎样才是大乘人的见解呢？"

六祖大师说："明与无明，在凡夫看来是两种迥然不同的境界；但有智慧的人了悟通达，就知道它们本质没有两样。这种没有差别的本质，就是真实的本性。真实的本性，在平凡愚痴的众生身上并不减省一分，在贤者圣人身上也不增多一分，处于烦恼的境界而自心不乱，处于禅定之时也不会陷入空寂，既不断绝也不是永恒不变，无所从来也没有所去，既不在中间也不在内外，既不生也不灭，自性和法相都如如不动，永远存在而无变化，这就叫做'道'。"

【原文】

简曰："师说不生不灭，何异外道？"

师曰："外道所说不生不灭者，将灭止生，以生显灭，灭犹不灭，生说不生。我说不生不灭者，本自无生，今亦不灭，所以不同外道。汝若欲知心要，但一切善恶，都莫思量，自然得入清净心体，湛然常寂，妙用恒沙。"

【译文】

薛简问："大师所说的不生不灭，和外道所说又有什么两样呢？"

六祖大师说："外道所说的不生不灭，将灭理解为生的停止，而将生从灭中显现，将生灭说成两个对立的概念，这样灭也就跟没灭一样，生也就可以说是没生。而我所说的不生不灭，本来就没有生，现在也没有灭，所以我所说的和外道不同。你如果想知道心地法门的妙理，就不要思量一切的善和一切的恶，这时你自然能进入本有清净的心体,它是永远湛然、清净、寂静的,在这个自心上生发各种微妙的用途,那就比恒河沙都要多了。”

【原文】

简蒙指教,豁然大悟,礼辞归阙,表奏师语。其年九月三日,有诏奖谕师曰:“师辞老疾,为朕修道,国之福田。师若净名托疾毗耶,阐扬大乘,传诸佛心,谈不二法。薛简传师指授如来知见,朕积善余庆,宿种善根,值师出世,顿悟上乘,感荷师恩,顶戴无已。”并奉磨衲袈裟及水晶钵,敕韶州刺史修饰寺宇,赐师旧居为国恩寺。

【译文】

薛简蒙六祖大师指示教导后,忽然间就开悟了,于是向大师顶礼辞别,回到皇宫去,并将六祖大师所说的道理写在奏章上奏明皇帝。在那年的九月三日,有一道诏书奖谕六祖大师说:“大师您以老疾辞谢召请,但仍为朕修行佛道,您真是国家的福田。大师您就像《净名经》里的维摩居士,托疾在毗耶城,阐扬大乘的佛法,传授诸佛的心印法门,宣讲不二法门。薛简回宫后,将您所说的如来知见传授给朕,朕多世广做善事,才有这种庆幸,也因朕前生种了很多菩提善根,才能遇到祖师您出世,令朕也即刻明白上乘的妙理。朕蒙您的教化,对大师感恩不尽,朕天天将您所说的道理,顶戴叩头无已。”同时,皇上奉上名贵的磨衲袈裟和水晶钵,还命韶州刺史重新修饰寺宇,并将大师在新州旧居称为国恩寺。

付嘱品第十

【原文】

师一日唤门人法海、志诚、法达、神会、智常、智通、志彻、志道、法珍、法如等，曰："汝等不同余人，吾灭度后，各为一方师。吾今教汝说法，不失本宗。先须举三科法门，动用三十六对，出没即离两边。说一切法，莫离自性。忽有人问汝法，出语尽双，皆取对法，来去相因。究竟二法尽除，更无去处。"

【译文】

六祖大师有一天叫来他的弟子法海、志诚、法达、神会、智常、智通、志彻、志道、法珍、法如等，对他们说："你们和其他人不同，等我圆寂后，你们应该各自作一方法主。我现在教你们宣讲佛法，以不失本门宗旨。讲法首先应以三科为根本的法门，再用三十六相对法来讲经说法，既兼顾相对的两个方面，又脱离相对的两个方面。讲说一切佛法时，都不要离开自性而说法。当有人请问佛法时，你说出的道理一定要语带双关，都采取相对法，来和去都是相同相循，来就是去的因，去就是来的果，到最后连来去二法也全部去除，再也没有可去之处了。"

【原文】

"三科法门者，阴、界、入也。阴是五阴，色、受、想、行、识是也。入是十二入，外六尘——色、声、香、味、触、法，内六门——眼、耳、鼻、舌、身、意是也。界是十八界，六尘、六门、六识是也。自性能含万法，名含藏识。若起思量，即是转识。生六识，出六门，见六尘，如是一十八界，皆从自性起用。自性若邪，起十八邪；自性若正，起十八正。若恶用，即众生用；善用，即佛用。用由何等？由自性有。”

【译文】

“三科法门就是阴、界、入三者。阴是五阴，就是色、受、想、行、识。入就是十二入，就是外六尘——色、声、香、味、触、法，内六门——眼、耳、鼻、舌、身、意。界是十八界，就是六尘、六门、六识。在自性里包含一切的法门，所以给它取名叫含藏识，又叫第八识。但你如果有所思量，这就叫转识，转到了第七识，从第七识又生出六识，出眼、耳、鼻、舌、身、意这六门，就出现六尘了。上面所讲的就是十八界，它们都是从人的自性所生出来的应用。自性如果是邪的，那就会起十八种邪见；自性如果是正的，那就会起十八种正见。如果应用恶念，那就是众生；如果应用善念，那就是佛了。这些应用来自于哪里？都是来自于人的自性。”

【原文】

“对法：外境无情五对——天与地对、日与月对、明与暗对、阴与阳对、水与火对，此是五对也。法相语言十二对——语与法对、有与无对、有色与无色对、有相与无相对、有漏与无漏对、色与空对、动与静对、清与浊对、凡与圣对、僧与俗对、老与少对、大与小对，此是十二对也。自性起用十九对——长与短对、邪与正对、痴与慧对、愚与智对、乱与定对、慈与毒对、戒与非对、直与曲对、实与虚对、险与平对、烦恼与菩提对、常与无常对、悲与害对、喜与瞋对、舍与悭对、进与退对、生与灭对、法身与色身对、化身与报身对，此是十九对也。"

【译文】

三十六相对法：外界无意识物质有五对——天与地相对、日与月相对、明与暗相对、阴与阳相对、水与火相对，这是五对。法相和语言方面有十二对——语言与佛法相对、有与无相对、有色与无色相对、有相与无相相对、有漏法与无漏法相对、色与空相对、动与静相对、清与

浊相对、凡夫与圣人相对、出家人与在家人相对、老与少相对、大与小相对，这是十二对。从自性生起应用方面有十九对——长与短相对、邪与正相对、痴与慧相对、愚与智相对、迷乱与禅定相对、仁慈与狠毒相对、诸恶不作与为非作歹相对、正直与曲谄相对、实与虚相对、危险与平安相对、烦恼与菩提相对、常与无常相对、悲悯与伤害相对、欢喜与瞋恚相对、布施与悭贪相对、前进与后退相对、生与灭相对、法身与色身相对、化身与报身相对，这是十九对。”

【原文】

师言：“此三十六对法，若解用，即道贯一切经法，出入即离两边。自性动用，共人言语，外于相离相，内于空离空。若全著相，即长邪见；若全执空，即长无明。执空之人有谤经，直言‘不用文字’。既云‘不用文字’，人亦不合语言。只此语言，便是文字之相。又云‘直道不立文字’。即此‘不立’两字，亦是文字。见人所说，便即谤他言著文字。汝等须知，自迷犹可，又谤佛经，不要谤经，罪障无数。”

【译文】

六祖大师说：“此三十六相对法，假如你理解应用，就能将一切经典佛法贯穿起来，这样出入都不会落到两种极端的错误见解，而能中道了义。自性起用，和人谈话时，要面对一切外界表象又离开一切外界表象，保持内心的虚空又远离虚空。如果执著于外界事物的表象，就会生出错误认识；如果执著于追求内心虚空，就会增长无明邪见。

执著追求一切皆空的毁谤佛经，总是说‘一切都是空的，佛法也是不用文字的’。既然说‘不用文字’，那人也不应该讲话。因为这个语言，本身就是文字的形相。又说什么‘直心就是道场，不需要立文字’。其实就这‘不立’两个字，本身还是文字。一听到别人说法，就毁谤别人执著于文字。你们十人应该知道，自己痴迷就算了，还毁谤佛经，说无功德，千万不要毁谤佛经，这样所造的罪业是无有穷尽的。”

【原文】

“若著相于外，而作法求真，或广立道场，说有无之过患，如是之人，累劫不可见性。但听依法修行，又莫百物不思，而于道性窒碍。若听说不修，令人反生邪念。但依法修行，无住相法施。汝等若悟，依此说，依此用，依此行，依此作，即不失本宗。”

【译文】

“如果执著于外界事物表象，而把到处做法事作为追求真理的方法，或者到处建立道场，说什么有无道场的过患，像这种人，历经多世大劫也不能明心见性。你们要依我所说的教法修行，但又不可百物不思，而窒塞、阻碍自己佛性的显现。如果只听佛法却不去实实在在修行，反而会令人心生邪念。你们要依我所说的佛法去修行，而不执著于佛法的文字表相。你们如果明白我所说的道理，并依照我所说的道理去讲经说法，依照我所说的道理而生出变化应用，依照我所说的道理去修行，依照我所说的道理去躬行实践，那就不会失去本宗顿教的宗旨。”

【原文】

“若有人问汝义，问有将无对，问无将有对，问凡以圣对，问圣以凡对。二道相因，生中道义。如一问一对，余问一依此作，即不失理也。设有人问：‘何名为暗？’答云：‘明是因，暗是缘，明没则暗，以明显暗，以暗显明。’来去相因，成中道义。余问悉皆如此。汝等于后传法，依此转相教授，勿失宗旨。”

【译文】

“如果有人问你法义时，他问‘有’你就用‘无’对，问‘无’就用‘有’对，问‘凡’就用‘圣’对，问‘圣’就用‘凡’对。两种相对的道理相因相循，从中就生出中道的义理。碰到一问一对，其余的都依照这样回答，这就不失顿教的宗旨。假设有人问你说：‘什么叫黑暗呢？’你就应该如此回答：‘光明是因，黑暗是果。当光明失去就是黑暗，有光明才能显出黑暗，有黑暗才能显出光明。’相对立的两方面互为因果，这样解释就自然符合中道的义理。其他问题，也都根据这个道理回答。将来你们传法，都要依照这个道理互相教授，不要失去顿教的宗旨。”

【原文】

师于太极元年壬子延和七月，命门人往新州国恩寺建塔，仍令促工。次年夏末落成。七月一日，集徒众曰：“吾至八月，欲离世间。汝等有疑，早须相问，为汝破疑，令汝迷尽。吾若去后，无人教汝。”法海等闻，悉皆涕泣，惟有神会神情不动，亦无涕泣。

【译文】

六祖大师在唐睿宗延和元年七月，吩咐门下弟子到新州国恩寺建造一座塔，并且催促工程早日完成。到第二年夏末佛塔落成。七月一日，六祖大师召集所有徒弟说："今年八月我就要离开人世了。你们如果还有什么疑问，趁早来问我，我为你们破除疑惑，使你们心中疑惑除尽。我往生圆寂后，就没有人教诲你们了。"法海等弟子听到后，都放声大哭起来，唯有神会不动神色，没有痛哭流涕。

【原文】

师云："神会小师，却得善不善等，毁誉不动，哀乐不生，余者不得。数年山中，竟修何道？汝今悲泣，为忧阿谁？若忧吾不知去处，吾自知去处。吾若不知去处，终不预报于汝。汝等悲泣，盖为不知吾去处。若知吾去处，即不合悲泣，法性本无生灭去来。汝等尽坐，吾与汝说一偈，名曰《真假动静偈》。汝等诵取此偈，与吾意同；依此修行，不失宗旨。"

众僧作礼，请师说偈。

偈曰：

"一切无有真，不以见于真。
若见于真者，是见尽非真。
若能自有真，离假即心真。
自心不离假，无真何处真？

有情即解动，无情即不动。
若修不动行，同无情不动。
若觅真不动，动上有不动。
不动是不动，无情无佛种。
能善分别相，第一义不动，
但作如此见，即是真如用。
报诸学道人，努力须用意，
莫于大乘门，却执生死智。
若言下相应，即共论佛义；
若实不相应，合掌令欢喜。
此宗本无诤，诤即失道意。
执逆诤法门，自性入生死。”

【译文】

六祖大师说：“神会小师傅，他对善不善、好不好都能平等对待，而没有分别心，他对毁谤和赞叹均不动于心，不生悲哀心，也不生快乐心，你们其他人却都做不到啊！这么多年在山里，你们修的什么道？你们现在忧愁悲泣，又是忧愁哪一个？如果你们忧愁我不知将去何方，我自己知道我要到什么地方。如果我不知道我将去何方，那我也不会预先告诉你们圆寂之日。你们这一班人如此悲哀流涕，大概是不知我将去何方。你们如果知我的去处，就不应该悲泣，因为佛法的自性，本来就是无生无灭，没有来去的。你们大家一起坐下，我现在为你们说一首偈颂，名叫《真假动静偈》。你们大家念诵、奉持此偈，就和我意愿相同；你们照此偈修行，就不失顿教的宗旨。”

一众僧人叩头顶礼，恭请六祖大师说偈。

偈颂说："所有的一切都不是真的，你不要执著地当真的来看。你如果把它当作真的来看，这种看法本来就不是真的。如果你能自己回光返照，自性求真，离开世间所有一切的假形假相，那就是你的真心了。你自己心里不离开假，心里没有真，又到哪里找到真呢？一切有意识的生命都是运动的，只有无意识的土木才是一动不动的。你如果以为一动不动就是修禅，那也就和土木的一动不动一样了。如果你想找寻真正的佛性不动、自性不动，就不要离开动而找不动。那些整日枯坐，一动不动的人，表面上也是不动，其实他们也就像无意识的土木一样，也不可能有佛性的种子。善于分别诸法相，得到第一义的境界，那才是真正的佛性不动。你如果能作这种见解，就是真如的妙用。我现在告知你们诸位学道的人，你们要努力诚心去修行。不要在大乘佛法法门下，却执著于生死之见。彼此交谈，言谈相契，就坐下来讨论佛理；彼此话不投机，也应合掌令一切众生欢喜。我宗本是修无生法忍，不要和人争执。你如果和人争执，就失去了道的本体。你如果执著争论法门，就不能度脱生死轮回而入涅槃。"

【原文】

时徒众闻说偈已，普皆作礼，并体师意，各各摄心，依法修行，更不敢诤。

乃知大师不久住世，法海上座再拜问曰：“和尚入灭之后，衣法当付何人？”

师曰：“吾于大梵寺说法，以至于今，抄录流行，目曰《法宝坛经》。汝等守护，递相传授，度诸群生。但依此说，是名正法。今为汝等说法，不付其衣。盖为汝等信根淳熟，决定无疑，堪任大事。然据先祖达摩大师付授偈意，衣不合传。偈曰：

‘吾本来兹土，传法救迷情。
一华开五叶，结果自然成。’”

【译文】

当时门徒们听说此偈后，都虔诚地叩头顶礼，并且都体会大师的心意，个个收摄迷乱之心，从此依法修行，而不互相争辩。

大家知道六祖大师在世大概只有一个多月了，法海上座再拜问大师说：“和尚您圆寂之后，衣钵当交付给谁呢？”

六祖大师说：“我在韶关大梵寺说法，一直到现在，其间所抄录流通的讲经，被叫做《法宝坛经》。你们要信守奉护此经，并互相抄录传授，广度一切众生。你如果依照此经说法，就是佛门正法。现在我跟你们说法，不须传这衣钵了。因为你们这些人信念坚定，对此教法毫无怀疑，都有能力承担弘扬佛法、教化众生的重任。并且根据先代祖师达摩大师传授的偈颂来看，这衣钵从我开始就不该传下去了。偈颂说：‘我本来到中国，是为传佛门正法，而救度一切众生脱离生死迷情。我这一花将来会开五叶，承传五位祖师，到时候硕果累累，就不须传此衣体，只要传法即可。’”

【原文】

师复曰："诸善知识，汝等各各净心，听吾说法。若欲成就种智，须达一相三昧、一行三昧。若于一切处而不住相，于彼相中不生憎爱，亦无取舍，不念利益成坏等事，安闲恬静，虚融澹泊，此名一相三昧。若于一切处，行住坐卧，纯一直心，不动道场，真成净土，此名一行三昧。若人具二三昧，如地有种，含藏长养，成熟其实。一相一行，亦复如是。我今说法，犹如时雨，普润大地。汝等佛性，譬诸种子，遇兹沾洽，悉得发生。承吾旨者，决获菩提；依吾行者，定证妙果。听吾偈曰：

心地含诸种，普雨悉皆萌。
顿悟华情已，菩提果自成。"

师说偈已曰："其法无二，其心亦然。其道清净，亦无诸相。汝等慎勿观静，及空其心。此心本净，无可取舍。各自努力，随缘好去。"

尔时徒众作礼而退。

【译文】

六祖大师又说："诸位善知识，你们每个人都自净其心，来听我说法。你们如果想成就一切智慧，就应该明白通达一相三昧、一行三昧。如果你在任何地方都不执著于事物的外相，对事物的外相不生憎恨讨厌或喜爱欢喜之心，无所取舍，也不想有利还是有害、能成还是会败等等，而是保持内心的安闲恬静，虚怀坦荡，宁静淡泊，这就叫做一相三昧。你无论在什么地方，无论行住坐卧，都能时时怀有正直的自心，那就根本不必开设什么道场，因为直心即是道场，清净自心即是清净佛土，这就叫做一行三昧。假如一个人具足一相三昧和一行三昧，那就像地里有种子一样，在地中埋藏，时间久了，自然会发芽结果。这一相三昧和一行三昧就和这道理一样。我今天为你们说法，就像及时雨一样普润大地。你们各位本有的佛性，就譬如这些种子，遇到及时雨浇灌，就能一养滋润，发芽结果。明白我所说宗旨的人，一定会得到菩提智慧。依照我所说的法去修行的人，一定能证得菩提妙果。请听好我这首偈颂：人的自性藏有一切智慧的种子，遇到及时雨滋润，就都会萌生出菩提芽。有情众生能及时顿悟，就自然会开花，花开后，菩提妙果也就自然成就。"

六祖大师说完这首偈颂后，对大家说："佛法是不二法门，人的自心也要修成不二真心。佛道本来是清净的，也没有一切的世间诸相。你们千万不要执著追求万境静寂，内心虚空。因为一切众生的自心本来是清净的，没有什么可取亦无什么可舍。你们各位要努力向前，随你们各人的因缘到各处去建立道场，弘扬佛法吧！"

这时六祖大师座下徒众都叩头顶礼退到一边去。

【原文】

大师七月八日忽谓门人曰："吾欲归新州，汝等速理舟楫。"

大众哀留甚坚。

师曰："诸佛出现，犹示涅槃。有来必去，理亦常然。吾此形骸，归必有所。"

众曰："师从此去，早晚可回？"

师曰："叶落归根，来时无日。"

又问曰："正法眼藏，传付何人？"

师曰："有道者得，无心者通。"

又问："后莫有难否？"

师曰："吾灭后五六年，当有一人来取吾首。听吾记曰：

头上养亲，口里须餐。

遇满之难，杨柳为官。"

【译文】

六祖大师在七月八日突然对弟子们说："我想回新州去了，你们大家赶快准备舟楫。"

弟子们苦苦相求，坚决挽留。

六祖大师说："十方三世一切诸佛出现于世，尚且示现涅槃相。有来必有去，有生必有灭，这也是很平常的道理。我这个血肉躯体，也必定有个归处。"

弟子们说："祖师您去后，什么时候会回来？"

六祖大师说："我就像那叶落归根一样，没有回来的一天了。"

弟子们又问道："您的正法眼藏，传给谁呢？"

六祖大师说："谁修得佛道我就传给谁，没有攀缘心自然明白我说的法。"

弟子们又问道："您圆寂后会有什么劫难吗？"

六祖大师说："我圆寂五六年后，会有人来割取我的头。现在我说一预言给你们听：'有人想把我的头偷回去如供养父母亲一样供养，雇了一个为饱口腹的穷人来行此事。使我遭逢此难的人名字中有一个满字，当时的州县官一姓柳、一姓杨。'"

【原文】

又云："吾去七十年，有二菩萨，从东方来，一出家、一在家。同时兴化，建立吾宗，缔缉伽蓝，昌隆法嗣。"

问曰："未知从上佛祖，应现已来，传授几代？愿垂开示。"

师云："古佛应世，已无数量，不可计也。今以七佛为始。过去庄严劫，毗婆尸佛、尸弃佛、毗舍浮佛，今贤劫，拘留孙佛、拘那含牟尼佛、迦叶佛、释迦牟尼佛，是为七佛。释迦文佛首传第一摩诃迦叶尊者、第二阿难尊者、第三商那和修尊者、第四优波球多尊者、第五提多迦尊者、第六弥遮迦尊者、第七婆须蜜多尊者、第八佛驮难提尊者、第九伏驮蜜多尊者、第十胁尊者、十一富那夜奢尊者、十二马鸣大士、十三迦毘摩罗尊者、十四龙树大士、十五迦那提婆尊者、十六罗侯罗多尊者、十七僧伽难提尊者、十八伽耶舍多尊者、十九鸠摩罗多尊者、二十者阇耶多尊者、二十一婆修盘头尊者、二十二摩拏罗尊者、二十三鹤勒那尊者、二十四师子尊者、二十五婆舍斯多尊者、二十六不如蜜多尊者、二十七般若多罗尊者、二十八菩提达摩尊者、二十九慧可大师、三十僧璨大师、三十一道信大师、三十二弘忍大师、惠能是为三十三祖。从上诸祖，各有禀承。汝等向后，递代流传，毋令乖误。"

【译文】

六祖大师又说:“我圆寂七十年之后,有两位菩萨从东方来,一个是出家人,一个是在家人。这两个人同时弘扬佛法,建立顿教的宗旨,修造伽蓝庙宇,将佛法发扬光大。”

大众又问道:“不知从最初佛祖应化于世到现在,传授了多少代?愿祖师您指示我们。”

六祖大师说:“从最初的佛应现于世,已无数无量,多得都数不过来。现在就从七佛开始算吧。在过去的庄严劫时的毗婆尸佛、尸弃佛、毗舍浮佛,和现在贤劫时的拘留孙佛、拘那含牟尼佛、迦叶佛、释迦牟尼佛,以上就是最近的七佛。释迦牟尼佛首传第一代祖师——摩诃迦叶尊者、第二代祖师阿难尊者、第三代祖师商那和修尊者、第四代祖师是优波球多尊者、第五代祖师是提多迦尊者、第六代祖师是弥遮迦尊者、第七代祖师是婆须蜜多尊者、第八代祖师是佛驮难提尊者、第九代祖师是伏驮蜜多尊者、第十代祖师是胁尊者、第十一代祖师是富那夜奢尊者、第十二代祖师是马鸣大士、第十三代祖师是迦毘摩罗尊者、第十四代祖师是龙树大士、第十五代祖师是迦那提婆尊者、第十六代祖师是罗侯罗多尊者、第十七代祖师是僧伽难提尊者、第十八代祖师是伽耶舍多尊者、第十九代祖师是鸠摩罗多尊者、第二十代祖师是者阇耶多尊者、第二十一代祖师是婆修盘头尊者、第二十二代祖师是摩拏罗尊者、第二十三代祖师是鹤勒那尊者、第二十四代祖师是师子尊者、第二十五代祖师是婆舍斯多尊者、第二十六代祖师是不如蜜多尊者、第二十七代祖师是般若多罗尊者、第二十八代祖师是菩提达摩尊者、第二十九代祖师是慧可大师、第三十代祖师是僧璨大师、第三十一代祖师是道信大师、第三十二代祖师是弘忍大师、惠能是第三十三代祖师。以上诸位祖师,各有师徒传承关系。你们也请代代相传,不要令佛法断灭乖错。”

【原文】

大师先天二年癸丑岁八月初三日，于国恩寺斋罢，谓诸徒众曰："汝等各依位坐，吾与汝别。"

法海白言："和尚留何教法，令后代迷人，得见佛性？"

师言："汝等谛听：后代迷人，若识众生，即是佛性；若不识众生，万劫觅佛难逢。吾今教汝，识自心众生，见自心佛性。欲求见佛，但识众生。只为众生迷佛，非是佛迷众生。自性若悟，众生是佛；自性若迷，佛是众生。自性平等，众生是佛；自性邪险，佛是众生。汝等心若险曲，即佛在众生中；一念平直，即是众生成佛。我心自有佛，自佛是真佛，自若无佛心，何处求真佛？汝等自心是佛，更莫狐疑。外无一物而能建立，皆是本心生万种法。故经云：'心生种种法生，心灭种种法灭。'吾今留一偈，与汝等别，名《自性真佛偈》。后代之人识此偈意，自见本心，自成佛道。"

【译文】

六祖大师于先天二年八月初三，在新州国恩寺吃完午斋后，对所有徒众说："你们各人依次而坐，我现在要与你们告别了。"

法海禀白六祖大师说："不知和尚要留何教法，使后代迷人能明心见性呢？"

六祖大师说："你们各位注意听好：后代执迷苦海的众生，如果认识何为众生，就是认识佛性；如果不能认识何为众生，那就像历经万世大劫寻觅佛性，也不能找到。我现在告诉你们，要认识自己内心的众生，见自己心里的佛性，而不要向外驰求。你想求得佛性，就要认识何为众生。是众生不认识自性佛，而不是佛不认识众生。你如果自心觉悟，明心见性，那么你这个众生就是佛了；如果你自心执著痴迷，那即使你本来是佛，现在也就变为众生了。如果自己的本性公正平直，那众生也就是佛了；如果自己的本性邪恶阴险，那你纵是佛，现在也变为众生了。你们如果本性阴险邪曲，那即使是佛也堕入众生之中了；而如果能够心念平等正直，那这时众生也就成佛了。每个人心里都有个佛，自己这个佛才是真佛，如果你自己心里没有佛性，那你又到哪里去找真佛呢？你们各位自心就是佛，千万不要怀疑。自身以外没有一物可以建立佛法，一切佛法都是从自己心里生出来的。所以佛经上说：'自心生则种种法生，自心灭则种种法灭。'我现在留下一首偈颂，和你们分别了，这首偈颂名叫《自性真佛偈》。后世之人如果能明白这首偈颂的意思，那就能自见本心，而自成佛道了。"

【原文】

偈曰：
"真如自性是真佛，邪见三毒是魔王。
邪迷之时魔在舍，正见之时佛在堂。
性中邪见三毒生，即是魔王来住舍。
正见自除三毒心，魔变成佛真无假。
法身报身及化身，三身本来是一身。
若向性中能自见，即是成佛菩提因。
本从化身生净性，净性常在化身中。

性使化身行正道，当来圆满真无穷。
淫性本是净性因，除淫即是净性身。
性中各自离五欲，见性刹那即是真。
今生若遇顿教门，忽悟自性见世尊。
若欲修行觅作佛，不知何处拟求真。
若能心中自见真，有真即是成佛因。
不见自性外觅佛，起心总是大痴人。
顿教法门今已留，救度世人须自修。
报汝当来学道者，不作此见大悠悠。”

【译文】

偈颂说：“每个人的真如自性就是真佛，而人的邪知邪见和贪、瞋、痴三毒就是魔王。当邪迷时就会生出无明，就是魔王住在心房；而你心存正见，破除无明，这时就是真佛坐在心堂。你自性若生邪见，就有贪、瞋、痴三毒生出，这就是魔王住进心房。心有正见，就能将三毒除去，没有了三毒之心，魔王也就变成真佛。清净法身、圆满报身和千百亿化身，都是由你一身变化出来的，三身本来就是一身。如果你能在自性里见自性的真佛，这就是将来成佛的菩提种子。你本来的自性是从你化身生出的一种清净自性，你的清净自性法身也就在你化身之中。你的自性能使你的化身常行正道，那你将来圆满菩提自性的功德也是无穷无量的。淫邪之心是清净自性的源头，除去淫邪之心也就是清净法身了。你们能各自在自性里脱离色、声、香、味、触五欲，在自性里不起邪见，就能刹那间明心见性，这一刹那也就会得到真如妙性。你们今生如果听到顿教的法门，忽然间开悟而明自本心，见自本性，那就能亲见世尊及十方诸佛。你们如果想修行作佛的话，不在自性里用功夫而向外驰求，那就不知到何处去找真佛了。如果你在自己本心里去找自己真正的佛性，见到真如妙性，这就是成佛的种子。你不回光返照反求诸己，而向外驰求，生一念头要向外找佛，这就是最愚痴的人。这禅宗顿教法门现在我已传给你们，要度化世人你们还先须自己修行。我现在对你们各位学道的人讲，你如果不这样想，那就空过时光，蹉跎岁月，一点好处都得不到。”

【原文】

师说偈已，告曰：“汝等好住，吾灭度后，莫作世情悲泣雨泪。受人吊问，身著孝服，非吾弟子，亦非正法。但识自本心，见自本性，无动无静，无生无灭，无去无来，无是无非，无住无往。恐汝等心迷，不会吾意，今再嘱汝，令汝见性。吾灭度后，依此修行，如吾在日。若违吾教，纵吾在世，亦无有益。”

复说偈曰：

“兀兀不修善，腾腾不造恶，
寂寂断见闻，荡荡心无著。”

【译文】

六祖大师说完前边那首偈颂后，告诉大众说：“你们大家好好地住着，我圆寂灭度后，你们不要像一般凡夫俗子悲泣哭啼，泪如雨下。受人祭奠，身着孝服，你们如果这样做，就不是我的徒弟，也不是佛门正法。你们只要认识自己的本心，见到自己的本性，自性无动无静，无生无灭，无去无来，无是无非，无住无往就对了。我恐怕你们心里仍迷惑不明白我所说的道理，我现在再嘱咐你们一番，使你们能明心见性。我圆寂灭度后，你们依照这个方法去修行，那就和我在世时一样。假如违背我的教化，纵然我在世，对你们也没有什么益处。”

大师于是又说了一首偈颂：“如如不动，了了常明，而不执著修善；逍遥自在，悠游自得，而绝对不可以造恶；宁静寂然，斩断见闻，不在六根门头生出邪见；平坦宽广，无有边际，心量充塞天地而无所著住。”

【原文】

师说偈已，端坐至三更，忽谓门人曰：“吾行矣。”奄然迁化。于时异香满室，白虹属地，林木变白，禽兽哀鸣。

十一月，广、韶、新三郡官僚洎门人僧俗，争迎真身，莫决所之。乃焚香祷曰：“香烟指处，师所归焉。”时香烟直贯曹溪。十一月十三日，迁神龛并所传衣钵而回。次年七月二十五日出龛，弟子方辩以香泥上之。

门人忆念取首之记，仍以铁叶漆布固护师颈入塔。忽于塔内白光出现，直上冲天，三日始散。

韶州奏闻，奉敕立碑，纪师道行。师春秋七十有六，年二十四传衣，三十九祝发，说法利生，三十七载。嗣法四十三人，悟道超凡者莫知其数。达摩所传信衣，中宗赐磨衲宝钵，及方辩塑师真相并道具等，主塔侍者尸之，永镇宝林道场。留传《坛经》，以显宗旨，兴隆三宝，普利群生者。

【译文】

六祖大师说完这首偈颂后，就结跏趺坐至三更半时分，对门人说："我走了。"说完溘然长逝。这时有一股异香充满法堂，在天空现出一道白虹接连到地，林中树木瞬时都变成惨白，而山上很多飞禽走兽都悲泣哀鸣起来。

十一月，广州、韶关及新州三个地方的官僚以及皈依弟子和在家人，争相迎取六祖大师真身，大家互相争辩，不能决定。于是焚香祷告说："香烟指到哪里，哪里就是六祖大师的归宿。"当时香烟直往曹溪南华寺那儿飘去。十一月十三日，大家把六祖大师的真身和达摩祖师所传的衣钵，送回南华寺。第二年七月，把六祖大师的真身从龛中迎请出来，弟子方辩用香泥涂满六祖大师全身。

弟子们记起六祖大师说五六年后有人来取他头的预言，所以用铁叶漆布将大师颈子包上，然后送进塔里。忽然间在塔里有白光出现，白光通到天上，三天后才散去。

韶州刺史将此灵瑞奏明皇上，皇上敕命立碑，以记述大师在世道德修行的经过。六祖大师在世寿命七十六岁，二十四岁时得到传法，三十九岁落发为僧，他讲说佛法，度化众生有三十七年。得六祖大师佛法真传的弟子有四十三人，至于因得道而超凡入圣的人，不知有多少。达摩祖师所传法衣袈裟，唐中宗所赐的袈裟和水晶钵，和方辩法师所造六祖大师的真相，以及六祖大师生前修道所用的器具，都由护持宝塔的侍者放置塔内，永远镇守宝林道场。六祖大师的《坛经》流传后代，弘扬禅宗顿教的宗旨，令佛门三宝发扬光大，普遍利益一切芸芸众生。